A ressurreição e a
ESPERANÇA
CRISTÃ

Conheça
nossos clubes

Conheça
nosso site

@editoraquadrante
@editoraquadrante
@quadranteeditora
Quadrante

Copyright © 2015 do Autor

Capa
Gabriela Haeitmann

Dados Internacionais de Catalogação na Publicação (CIP)

Francisco, Faus
A ressurreição e a esperança cristã / Francisco Faus –
3ª ed. – São Paulo: Quadrante Editora, 2024.

ISBN: 978-85-7465-646-5

1. Páscoa – Meditações 2. Quaresma – Meditações I. Título II. Título: Reflexões
para o Tempo da Páscoa

CDD–242.36

Índices para catálogo sistemático:
1. Páscoa : Meditações : Cristianismo 242.36
2. Tempo Pascal : Meditações : Cristianismo 242.36

Todos os direitos reservados a
QUADRANTE EDITORA
Rua Bernardo da Veiga, 47 - Tel.: 3873-2270
CEP 01252-020 - São Paulo - SP
www.quadrante.com.br / atendimento@quadrante.com.br

Francisco Faus

A RESSURREIÇÃO E A ESPERANÇA CRISTÃ

3ª edição

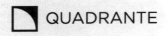

Sumário

Introdução	7
O vazio do coração sem Deus	9
Emaús: da decepção à esperança	19
Medo e esperança	29
Resgatando São Tomé	39
Rotina e amor	49
As lágrimas de São Pedro	59
Amor no céu e missão na terra	67
São Paulo: a esperança e a luta	75
Maria, Mãe da Santa Esperança	83

INTRODUÇÃO

Este livro teve uma primeira versão publicada pela Quadrante em 2003, com o título Cristo, minha esperança. A obra estava redigida em forma dialogada, preparada para grupos ou comunidades que desejavam apresentar, na oitava da Páscoa ou nos domingos subsequentes, uma reflexão em grupo, com vários leitores que se fossem alternando, como no teatro lido.

Revista e refeita — com uma redação inteiramente nova em algumas partes —, apresenta-se agora, não como uma segunda edição, mas como uma nova versão sobre os mesmos temas, na forma de livro de leitura espiritual e de meditação para qualquer época do ano, especialmente para o tempo da Páscoa.

O VAZIO DO CORAÇÃO SEM DEUS

Lágrimas ao amanhecer

Quando o Domingo de Páscoa começava a clarear, um grande silêncio envolvia o descampado onde se encontrava o túmulo de Jesus. Só duas coisas ali poderiam chamar a atenção de um passante solitário: a grande pedra circular que servira para fechar a entrada do sepulcro fora rolada e estava posta de lado; e perto da entrada escancarada, uma mulher, em pé, soluçava baixinho, com um leve estremecer de ombros, de modo que os primeiros raios de sol faziam cintilar as lágrimas que lhe escorriam pelas faces. Era Maria Madalena.

Entretanto — lemos no Evangelho de São João —, *Maria conservava-se do lado de fora, perto do sepulcro, e chorava* (Jo 20, 11). Era a segunda vez, naquele amanhecer de domingo, que Maria ia até ao sepulcro de Jesus, incansável no seu empenho por prestar uma última homenagem a Nosso Senhor, depois da sua paixão e morte. Ajudada por outras santas mulheres, queria ungir-lhe o corpo — que na sexta-feira santa só pudera ser ungido às pressas e de modo incompleto — *com os aromas que haviam preparado* (Lc 24, 1).

Foi assim que Maria Madalena chegou ao túmulo juntamente com *Maria, mãe de Tiago, e Salomé,* suas amigas. Estas últimas — conta São Marcos — *fugiram, trêmulas e amedrontadas,* ao verem que o sepulcro estava vazio (Mc 16, 8). Maria, porém, foi correndo à procura de Pedro e João, para lhes dizer, quase sem fôlego: *Tiraram o Senhor do sepulcro, e não sabemos onde o puseram* (Jo 20, 2).

A RESSURREIÇÃO E A ESPERANÇA CRISTÃ

Há espanto geral. Recuperados do primeiro susto, os dois Apóstolos saem em disparada e ela vai atrás. Quando chegam ao túmulo, entram, e ficam perplexos ao ver que, além de estar vazio, os panos com que o cadáver de Jesus tinha sido amortalhado permaneciam intactos, com o mesmo formato que tinham quando envolviam o corpo de Cristo; só que agora estavam aplanados, como se o corpo do Senhor os tivesse atravessado, esvaziando-os sem nem mesmo tocá-los, e o sudário que lhe cobrira a cabeça estava cuidadosamente enrolado, também intacto, a um lado. Pedro e João, emocionados e perplexos, sentiram as pernas tremer e o coração rebentar, e voltaram correndo ao Cenáculo para avisar os outros. Maria, porém, não arredou pé de lá. Não queria ir-se embora. Queria encontrar Jesus, queria honrá-lo com carinho, mesmo que fosse apenas um pobre cadáver dilacerado. Por isso estacou ali, imóvel, chorando.

As suas lágrimas silenciosas eram a expressão do seu amor. São Gregório Magno, o grande Papa do século sexto, tem um comentário muito bonito a este respeito: «E nós temos que pensar — diz ele — na força tão grande do amor que inflamava a alma daquela mulher, que não se afastava do sepulcro do Senhor, mesmo quando os Apóstolos dEle já voltavam. Buscava a quem não encontrava; chorava procurando-o e, consumindo-se no fogo do seu amor, ardia no desejo de encontrar aquele que imaginava roubado. E assim aconteceu que só ela o viu, a única que ficou procurando... Começou a buscar, e não o encontrou; perseverou no seu querer, e achou-o; de tal forma cresceram os seus desejos, e tanto se dilataram, que acabaram alcançando o que buscavam»[1].

---

1   *Homilias sobre os Evangelhos*, XXV.

O VAZIO DO CORAÇÃO SEM DEUS

Quando meditamos em tudo o que o santo Evangelho nos conta dessa mulher, percebemos que a vida de Maria Madalena poderia ser definida assim: o Amor com maiúscula, ou seja, o Amor de Deus, procurou-a e salvou-a; ela correspondeu a esse Amor e não se cansou, por sua vez, de procurá-lo, de modo que toda a sua vida foi uma busca ardente e um aprofundamento nesse divino Amor, como o foi a vida de muitos grandes santos...

Mas tem havido tantas confusões, tantas mentiras e interpretações esquisitas sobre o amor de Maria Madalena, que vale a pena lembrar a sua verdadeira história.

Quem era a mulher de Magdala?

Na realidade, trata-se de uma confusão que — na maior boa-fé, aliás — dura há séculos.

Para começar, é muito importante lembrar quem *não era* Maria Madalena. Os melhores comentaristas do Evangelho, já desde os tempos de Santo Agostinho, alertam-nos para que não a confundamos com outras duas mulheres do Evangelho. Uma é aquela pecadora pública que certa vez banhou os pés de Jesus com lágrimas de arrependimento e os ungiu com bálsamo (cf. Lc 7, 37 e segs.); e a outra é Maria de Betânia, a irmã menor — pura e singela — de Marta e Lázaro, que também derramou perfume sobre a cabeça e os pés de Jesus pouco antes da Paixão, num gesto de fina cortesia, muito oriental (Jo 12, 3).

Além desse esclarecimento, é interessante frisar que o Evangelho nunca disse que Maria Madalena fosse uma prostituta ou que tivesse uma vida leviana. Aliás, afirma algo muito pior. Diz que, *dela, Jesus tinha expulsado sete demônios* (Lc 8, 2). Isto é muito sério. Bem sabemos que o número sete — na linguagem bíblica — significa *muitos*, uma multidão. Pois é isso que dela nos diz São Lucas.

É, sem dúvida, algo terrível. Só o podemos compreender se tivermos consciência de que o demônio — como diz Jesus (Jo 8, 44) — é, acima de tudo, o *pai da mentira*, do orgulho e do ódio. Como deve ter sido espantosa a vida dessa pobre mulher! Um poço de ódio, de raiva, de desconfiança, de mentira, de rancor... Pode haver sofrimento maior? Um verdadeiro inferno! Uma mulher incapaz de amar, incapaz de alegrar-se, incapaz de vibrar com a verdade, de admirar a beleza e de saborear o bem; incapaz de perdoar, incapaz de sorrir com carinho para os outros...! Porque um coração afastado de Deus e entregue ao diabo — ao pecado — é como um poço escuro e fundo. Lá não pode penetrar um raio de luz divina nem de amor humano. A pessoa chega a tornar-se incapaz de acreditar que o amor, a beleza e a bondade existam. Só conhece as trevas em que se afunda.

A tristeza no fundo do coração

Esse «poço escuro», essas «trevas», são o retrato da tristeza que há hoje em dia no fundo de muitos corações. Corações eternamente insatisfeitos, pessoas que talvez cantem, gritem, possuam, experimentem, dancem, se agitem, se embriaguem de álcool, sexo, drogas e emoções radicais, mas que por dentro estão sombriamente vazias. Vivem instaladas no «coração das trevas», para usar a expressão de Joseph Conrad. E, mesmo sem o saberem, procuram, procuram. Percebem que lhes falta o essencial, algo que passaram a vida buscando sem encontrar. Sentem-se como alguém que se esfalfou tentando apanhar a água da fonte com

O VAZIO DO CORAÇÃO SEM DEUS

um recipiente furado. Atormenta-as, então, uma ânsia de infinito que as queima por dentro, mas que nenhum tesouro do mundo e nenhuma loucura do mundo e nenhum prazer do mundo conseguem satisfazer... Pode-se dizer que estão torturadas por uma *esperança distorcida*, por um infinito desejo de felicidade, que corre expectante atrás do vazio. É lógico que essa esperança distorcida termine no desespero. O fundo do fundo da vida delas é a *ausência*..., é o *vazio*..., e morrem sem saber por que nunca foram felizes.

E, no entanto, o porquê é claro: elas sofrem da ausência de Deus! Essas pessoas — como Madalena antes de encontrar Jesus — não sabem que o seu mísero coração está gritando aquelas palavras de um poema do escritor indiano Tagore: «Tenho necessidade de Ti, só de Ti! Deixa que o meu coração o repita sem cansar-se. Os outros desejos que dia e noite me envolvem, no fundo, são falsos e vazios. Assim como a noite esconde em sua escuridão a súplica da luz, na escuridão da minha inconsciência ressoa este grito: Tenho necessidade de Ti, só de Ti! Assim como a tempestade está procurando a paz, mesmo quando golpeia a paz com toda a sua força, assim a minha revolta bate contra o teu amor e grita: Tenho necessidade só de Ti!»[2]

O encontro que tudo mudou

Assim estava Maria Madalena, quando um belo dia — de surpresa — Jesus foi buscá-la. Não conhecemos os detalhes. Só sabemos que Jesus teve compaixão dela, e dela *expulsou sete demônios*, como recordávamos acima. Dá para imaginar o que deve ter sentido aquela

---

2   Rabindranath Tagore, *Gitanjali*, n. 38.

alma, ao encontrar-se livre do Maligno e inundada pelo dom da Graça, conduzida por Jesus à descoberta deslumbrante de Deus. Que deve ter sentido quando experimentou — quiçá pela primeira vez na vida — a pureza e a grandeza do Amor, pois, como diz São João, *Deus é Amor* (1 Jo 4, 8).

Encontrar Deus, na pessoa de Cristo, foi como sair da asfixia do poço e, de repente, «respirar», absorver Deus até ao fundo da alma, como uma aragem do Céu que a fazia nascer de novo. Madalena passou a ser uma mulher que, pela primeira vez na vida, se apercebeu de como é bela a criação, todas as criaturas, transfiguradas pelo olhar e a presença do Salvador. Seu coração transformou-se numa brasa incandescente, inflamada pelo Amor que se derrama do Céu sobre o mundo através do Coração de Jesus.

É natural que, a partir do dia em que o antigo «coração das trevas» foi inundado pela fé, pela esperança e pelo amor, começasse a seguir Jesus e a servi-lo, com uma dedicação abnegada e total — como conta o Evangelho —, juntamente com as outras santas mulheres. Seguir Cristo tornou-se, a partir daquele momento, a razão — toda a razão — da sua existência. Servir Jesus passou a ser para ela um puro amor, que cumulava de plenitude e sentido o seu pensar, sonhar e viver.

Por isso, quando a avalanche de brutalidades da Paixão, o ódio implacável dos inimigos, desabou sobre Cristo e o reduziu a um cadáver ensanguentado na Cruz, Maria Madalena — grudada à Mãe do Salvador — agarrou-se à Cruz como quem se agarra à vida. Viver sem Jesus era para ela — como para todos os corações que encontraram Cristo de verdade — a vertigem de um vazio de morte. Essa é a Madalena que vemos chorar junto do sepulcro do Senhor. Essa a razão de que só pense em buscar *o meu Senhor* (Jo 20, 13).

O reencontro da vida

Enquanto estava assim, desolada, o Evangelho nos descreve uma cena deliciosa: *Chorando, inclinou-se para olhar dentro do sepulcro. Viu dois anjos vestidos de branco... Eles perguntaram-lhe: «Mulher, por que choras?» Ela respondeu: «Porque levaram o meu Senhor, e não sei onde o puseram»* (Jo 20, 13). A Madalena suplicante, toda «procura», encarnava nesses momentos aquelas palavras do profeta Isaías: *A minha alma desejou-Te, meu Deus, durante a noite e, dentro de mim, o meu espírito procurava-Te* (Is 26, 9).

O Evangelho continua, e dá-nos alegria acompanhá-lo: *Ditas estas palavras, voltou-se para trás e viu Jesus em pé, mas não o reconheceu. Perguntou-lhe Jesus: «Mulher, por que choras? Quem procuras?»* (Jo 20, 15). Comove ver Jesus ressuscitado, Jesus em pessoa, indo ao encontro daquela pobre criatura, como o pai que desfruta por dentro ao pensar na surpresa maravilhosa que preparou para o filho. E é muito bonito perceber — para quem conhece e medita o Evangelho — que depois da Ressurreição Jesus se mostra mais humano ainda, se possível, do que quando andava com os seus pelos caminhos da Galileia e da Judeia. Torna-se como que mais próximo, afetuoso, acessível. E aparece com uma nova carga de alegria: «diverte-se», por assim dizer, alegrando os seus amigos com atitudes cheias de «bom humor», de um divino e delicioso bom humor.

Para captar isso, basta continuar a acompanhar esse diálogo do Senhor com Madalena. *Quem procuras?* — pergunta-lhe Jesus —, e ela, *supondo que fosse o jardineiro, respondeu: «Senhor, se tu o tiraste, dize-me onde o puseste, e eu o irei buscar».* Cristo não quer prolongar mais a aflição, e manifesta-se abertamente: *Disse-lhe Jesus: «Maria!»* O Evangelho aqui balbucia, só sabe repetir a exclamação que saiu daquela Maria estremecida de gozo, com os olhos arregalados e o coração prestes a explodir: *Voltando-se ela, exclamou em hebraico: «Rabôni!», que quer dizer «Mestre!»...* Nesse exato momento, Jesus a olha com ternura e a «nomeia» sua primeira mensageira da fé e da alegria da Ressurreição: *Não me retenhas... Vai aos meus irmãos e dize-lhes: Subo para meu Pai e vosso Pai, meu Deus e vosso Deus. Maria Madalena correu* (nesse dia, realmente, não parou de correr...) *para anunciar aos discípulos que tinha visto o Senhor e contou o que Ele lhe tinha falado* (Jo 20, 15-18).

A partir desse momento, para Madalena a vida voltava a ser Vida, com maiúscula. O futuro era radiante: o reencontro com Jesus encheu de novo o vazio da alma com a luz cálida e inextinguível da esperança.

A chegarmos a esse ponto, será bom refletir e perguntar-nos: «Será que, pensando nos vazios que com frequência eu sinto, a lição da Madalena não me diz nada?» Todo vazio, toda amargura, é uma *ausência*: a ausência de Deus. Pode ser a terrível ausência provocada pelo pecado, pelos *sete demônios,* mas pode ser também a ausência de uma alma boa que perde Deus de vista, fica morna na fé, e acha então inexplicáveis muitas tristezas que a atormentam, mas que têm uma perfeita explicação: são a ausência do «amor» de Deus na alma, são a frieza de quem tem Jesus ao lado (sempre está ao nosso lado, sempre nos procura, como fez com Madalena) e não o enxerga, são a amargura esquizofrênica de quem se queixa de Deus, justamente na hora em que Deus mais a ajuda... Como Madalena, que pensava que Jesus (aquele Jesus que não reconheceu) lhe tinha roubado Jesus... Não acontece algo disso conosco?

Sim, acontece. Diante de muitas dificuldades, lutas ou cruzes que Deus nos envia para o nosso bem, pensamos

O VAZIO DO CORAÇÃO SEM DEUS

tolamente que Deus nos abandonou ou se afastou de nós. Que retirou a sua mão e não nos ajuda com a sua graça. E é quando está mais próximo.

Gravemos bem a lição das lágrimas e do júbilo de Maria Madalena. Convençamo-nos, profundamente, de que toda tristeza, toda amargura, toda revolta, no fundo, é uma *ausência* de Deus (maligna ou benigna, mas nunca boa). Por isso, decidamo-nos a procurar Deus, a procurar Jesus com toda a nossa alma, como Madalena: com a mesma determinação com que ela o procurou. «Onde está?» — diremos a nós mesmos — e responderemos com a decisão de aumentar o nosso aprofundamento na fé, a nossa leitura e meditação do Evangelho e das riquezas da doutrina cristã... E, se nos perguntarmos: «Como achá-lo?», deveremos responder: «Como Madalena, que busca, pergunta, procura e não para até encontrá-lo, ou seja, como Jesus nos ensinou: rezando, pedindo, orando sem cessar, pois a sua promessa não falha: *Eu vos digo: Pedi e dar-se-vos-á; buscai e achareis; batei e abrir-se-vos-á* (Mt 7, 7)».

EMAÚS: DA DECEPÇÃO À ESPERANÇA

Dois homens tristes no entardecer

O Evangelho de São Lucas, no seu capítulo 24 (vv. 13-35), faz-nos contemplar de perto, de uma maneira muito viva, dois homens que — na tarde do próprio dia da Ressurreição de Jesus — estão voltando para casa, cabisbaixos e decepcionados: os discípulos de Emaús.

Nesse mesmo dia — diz São Lucas —, *dois discípulos caminhavam para uma aldeia chamada Emaús, distante de Jerusalém sessenta estádios* — cerca de doze quilômetros. *Iam falando um com o outro sobre tudo o que se tinha passado.* Aquilo que *se tinha passado* era nada mais e nada menos que a paixão e a morte de Jesus, a «derrota» estrondosa de Cristo às mãos dos seus inimigos, enquanto parte das multidões que cinco dias antes, no domingo de Ramos, o haviam aclamado entusiasmadas, vociferava com ódio: *Crucifica-o! Crucifica-o!*

Podemos imaginar, por isso, qual era o seu estado de ânimo. Perdidos, deprimidos, desnorteados, conversavam como quem não acaba de acreditar que tivesse sido possível aquele afundamento dos seus sonhos. Assim andavam quando Jesus *aproximou-se e caminhava com eles; mas os olhos estavam-lhes como que vendados e não o reconheceram.*

São Josemaria Escrivá oferece-nos uma descrição viva da aparição de Jesus ressuscitado a esses discípulos: «Caminhavam aqueles dois discípulos — escreve — em direção a Emaús. Andavam a passo normal, como

A RESSURREIÇÃO E A ESPERANÇA CRISTÃ

tantos outros que transitavam por aquelas paragens. E ali, com naturalidade, aparece-lhes Jesus e caminha com eles, numa conversa que diminui a fadiga. Imagino a cena, bem ao cair da tarde. Sopra uma brisa suave. Em redor, campos semeados de trigo já crescido, e as oliveiras velhas, com os ramos prateados à luz tíbia». São palavras poéticas que nos ajudam a fazer meditação, sentindo-nos dentro da cena, participando dela «como mais um personagem»[1].

Ouçamos, pois — enquanto os acompanhamos —, as primeiras palavras que o Senhor lhes dirige: *«De que vínheis falando pelo caminho, e por que estais tristes?»* O diálogo que se travou é digno de ser meditado. Primeiro, como homens decepcionados, os discípulos respondem de mau humor, num tom um tanto ríspido: *Um deles, chamado Cléofas, respondeu-lhe: «És tu acaso o único forasteiro em Jerusalém que não sabe o que ali aconteceu nestes dias?»*... É como se dissesse, meio admirado e meio irritado: «Todo o mundo sabe. Onde é que você vive? Só você está por fora?»

Que ironia! Dirigem-se rudemente a Jesus, lançando-lhe em rosto a sua ignorância a respeito da tragédia... do próprio Jesus! Tudo isso chegaria a ser cômico, se não fosse dramático. Mas Nosso Senhor, como em todas as cenas da Ressurreição, mostra-se especialmente afável e bem-humorado para com eles. Ousaria dizer que é até propositadamente divertido. Fazendo-se de ingênuo, pergunta-lhes *«Que foi? Que houve?...»* Assim quer ajudá-los a abrir o coração, como, aliás, Ele deseja fazer conosco sempre que nos vê desanimados ou tristes: «Eu estou aqui — diz-nos —. Fala comigo».

E eles realmente se abriram. Despejaram o vinagre da sua decepção. Falaram ao caminhante desconhecido

---

1   Josemaria Escrivá, *Amigos de Deus*, 3ª ed., Quadrante, São Paulo, 2014, n. 313.

sobre um tal Jesus de Nazaré, *profeta poderoso em obras e palavras diante de Deus e de todo o povo*, comentando os acontecimentos trágicos da quinta e da sexta-feira santas, e contaram-lhe como tinha acabado pregado na Cruz. Depois, confessaram a sua tremenda frustração: «*Nós esperávamos que fosse Ele quem havia de restaurar Israel, e agora, além de tudo isso, já é o terceiro dia que estas coisas aconteceram*».

Um erro de esperança

Esse era o mal que lhes corroía a alma: «*Nós esperávamos...*» Tinham colocado toda a sua esperança no Senhor. Tinham apostado nEle. Por isso o haviam seguido, por isso tinham abandonado os seus planos pessoais, o aconchego do lar, tudo, jogando a vida numa só carta: a esperança de que Jesus fosse o poderoso Rei-Messias anunciado pelos Profetas, que triunfaria sobre todos os inimigos e se assentaria no trono do Reino de Israel, restabelecendo-o para sempre. Ninguém lhes tinha contado ainda que, em plena Paixão, Jesus declarara inequivocamente a Pilatos: «*O meu Reino não é deste mundo*» (Jo 18, 36).

No entanto, eles, quase com certeza, já lhe tinham ouvido dizer: «*O Reino de Deus está dentro de vós*» (Lc 17, 21). E também tinham escutado muitas das *parábolas do Reino*, que falavam, por meio de expressivos simbolismos, não de um reino terreno, político, mas de um Reino de graça, de paz e de amor que cresce dentro dos corações, nas famílias, nas sociedades, como o trigo que germina de noite e de dia; como o grão de mostarda que é pequenino e se torna árvore alta; como o fermento invisível que a mulher põe na massa de farinha e que acaba fermentando-a toda... Ou como um Pai que perdoa o filho fugitivo, ou o Pastor que procura a ovelha perdida e que é, ao mesmo tempo, o Rei-Deus que nos convida a participar do seu banquete de amor eterno...

Poderíamos definir com exatidão o engano dos discípulos de Emaús — igual ao de muitos atuais discípulos de Cristo — como um grande «erro de esperança». Aí esteve a sua falha. Tinham esperança, sim, mas era uma «esperança equivocada», não era a virtude cristã da esperança. Em consequência, estavam irremediavelmente fadados à decepção e ao fracasso, como quem dispara uma flecha para o alvo errado, ou dirige um veículo fora da estrada, que, quanto mais rápido vai, mais perto está do desastre.

Assim são muitas mulheres e muitos homens de hoje. O seu mal é a visão deturpada da esperança: esperam no que não devem, e esperam mal. Os exemplos são inúmeros: falsas esperanças amorosas, falsas esperanças profissionais, falsas esperanças de glória e triunfo, falsa confiança nas riquezas...

Onde está o erro? A resposta é clara. Espera mal quem espera qualquer coisa diferente da Vontade de Deus a seu respeito, qualquer coisa — por grande e empolgante que seja — que esteja fora dos planos que Deus preparou e deseja para ele. Então, acontece a essas pessoas o que Jesus dizia aos fariseus: *«Frustraram o desígnio de Deus a seu respeito»* (Lc 10, 30). A vida deles tornou-se um plano divino traído, frustrado, que Deus não pode reconhecer como seu, e tem que lhes dizer: *«Não vos conheço»* (Mt 25, 12).

É importante perceber que as pessoas *não* ficam frustradas «principalmente» por não terem alcançado os seus desejos, os seus sonhos. Na realidade, muitas das piores frustrações são as daqueles que alcançaram mesmo esses desejos e sonhos («Já estou na faculdade, já tenho

EMAÚS: DA DECEPÇÃO À ESPERANÇA

emprego, já me casei, já sou rico»), mas depois percebem que nada disso os preenche, não lhes traz a felicidade. Homens e mulheres ficam frustrados principalmente porque — sem sequer darem por isso — não atingem o ideal para o qual foram criados por Deus, ou seja, por não terem sido fiéis à sua vocação de filhos de Deus, e por isso — desculpem a expressão rude — a vida delas, em vez de alcançar o desenvolvimento e maturidade de um filho que cresce, foi como um aborto. Fora do que Deus espera de nós, tudo é um triste aborto provocado... por nós!

Pensemos, por exemplo, nos casamentos fracassados. A maioria deles afundou-se porque marido e mulher «esperaram mal». O que é que espera a maioria dos noivos, quando vão para o casamento? Sem dúvida, amar e ser felizes. Mas amar, como? Serem felizes, como? Muitos só pensam em «receber» do outro muito carinho, paciência, compreensão, todo o aconchego para se «sentirem bem» realizando os seus próprios gostos, os seus prazeres, e até as suas manias e caprichos. Poucos pensam em *dar e dar-se* generosamente para o bem do outro e dos filhos, em construir uma família com abnegação generosa e desprendimento alegre, felizes por fazerem felizes os demais. Ou seja, não pensam no verdadeiro amor, no autêntico amor--doação, no único que pode trazer a felicidade.

Por isso, quando chega a hora da verdade e aparecem as dificuldades inevitáveis — essas com as quais Deus conta para nos purificar e amadurecer —, não compreendem que essas dificuldades são *apelos para se darem mais, para amarem mais, para dialogarem mais*, e não para cair em irritações, más caras, resmungos e gritos; que é a hora da compreensão, e não a da imposição; que é a hora de escutar com humildade, e não de «ter razão»... Infelizmente, não entendem nada disso. E, então, tudo vai por água abaixo. Não foram ao casamento preparados para o verdadeiro amor, mas para «consumir» satisfações (como «consomem» os outros prazeres da vida). É natural que acabem dizendo, como os discípulos de Emaús: «Nós esperávamos outra coisa»...

É preciso abrir os olhos da alma, com a ajuda de Deus, e compreender que a vida não é uma laranja para se chupar e cuspir, que os outros não são cana de açúcar para tirar o caldo e jogar fora o bagaço, que Deus não é um «seguro protetor de egoísmos», e que os outros não são «bens desfrutáveis». Viver e ser feliz é coisa infinitamente maior do que «usufruir»!

A virtude da esperança

Qual é, então, a verdadeira esperança cristã? É a confiança firme, nascida da fé, que nos diz que podemos viver envoltos no amor de Deus aqui na terra — em todas as circunstâncias e vicissitudes de cada dia — e, depois, eternamente no Céu. Tudo o que conduz a isso é bom. Tudo o que afasta disso é mau. Tudo o que conduz a isso acaba em felicidade — já aqui na terra —, e tudo o que afasta disso acaba em tristeza, e até — Deus não o permita — pode acabar em tormento eterno.

É muito claro o que diz o *Catecismo da Igreja Católica* sobre a esperança: «A esperança é a virtude teologal pela qual desejamos como nossa felicidade o Reino dos Céus e a Vida Eterna, pondo a nossa confiança nas promessas de Cristo e apoiando-nos não em nossas forças próprias, mas no socorro da graça do Espírito Santo [...]. A virtude da esperança responde à aspiração de felicidade colocada por Deus no coração de todos os homens; assume as esperanças que inspiram as atividades dos homens;

EMAÚS: DA DECEPÇÃO À ESPERANÇA

purifica-as para ordená-las ao Reino dos Céus; protege contra o desânimo; dá alento em todo esmorecimento; dilata o coração na expectativa da bem-aventurança eterna. O impulso da esperança preserva do egoísmo e conduz à felicidade do amor»[2].

São textos preciosos, que daria para meditar durante horas. Tente aprofundar um pouco neles.

A grande lição dos discípulos de Emaús

Voltando para a cena dos discípulos de Emaús, vale a pena prestar atenção ao que Cristo lhes disse, quando terminaram o seu desabafo. Nosso Senhor começou a falar-lhes de modo claro, incisivo, com palavras que tiveram o efeito de lancetar-lhes o abscesso do ceticismo que lhes corroía o coração: «*Ó gente insensata e lenta de coração para acreditar em tudo o que anunciaram os profetas! Porventura não era necessário que o Cristo sofresse estas coisas e assim entrasse na sua glória?*» E começando *por Moisés, percorrendo todos os Profetas, explicava-lhes o que dele se achava dito em todas as Escrituras*, ou seja, as inúmeras profecias que falavam da sua Paixão.

Jesus desvendou-lhes, assim, com um jato de luz divina, o plano da Trindade para a salvação do mundo, uma salvação que havia de ser realizada — como já tinham anunciado os Profetas — pelo máximo ato de Amor imaginável: a entrega do Filho de Deus na Cruz para a redenção dos nossos pecados.

Foi na Cruz, com efeito, onde o Filho de Deus — Deus feito Homem, encarnado por nós — atingiu o ápice do Amor, e com esse amor ilimitado, envolveu, compensou, purificou e superou todos os nossos desamores, todos os nossos pecados. Como fruto deste

---

2   *Catecismo da Igreja Católica*, n. 1817-1818.

seu sacrifício, derramou sobre nós a graça do Espírito Santo — o fogo do Amor divino em pessoa —, e abriu-nos de par em par as portas do Céu.

Quer dizer que o que Cléofas e o companheiro lamentavam como uma desgraça (a paixão e morte de Cristo), foi, na realidade, a maior maravilha de toda a história da humanidade, o maior bem do mundo, o maior motivo de alegria de todos os séculos! *«Insensatos!»* — disse-lhes Jesus. Sim, *insensatos* os que não veem isso e vão atrás de sombras e aparências!

Enquanto Jesus ia falando pelo caminho, os corações dos dois caminhantes foram mudando. Um calor novo os invadiu, uma faísca de esperança se acendeu neles. *Aproximaram-se da aldeia para onde iam, e Jesus fez como se quisesse passar adiante. Mas eles forçaram-no a parar: «Fica conosco, já é tarde e o dia declina»...*

É uma bela oração para nós fazermos, quando começarmos a sentir a proximidade de Jesus: *«Fica conosco!* Não nos deixes, queremos estar contigo, queremos ter-te como amigo, queremos abrir-te a alma. Fica!» E, além do mais, percebemos que já se nos faz tarde, que a vida passa, que a vida acaba, sim, *já é tarde e o dia declina.* «Olha, Senhor, que gastamos boa parte deste "dia" que é a vida, entre falsas esperanças e verdadeiras frustrações. Precisamos de Ti. Por favor, fica, que só em Ti se acha a esperança...»

Com Cristo, o coração arde

Então — continua a contar São Lucas —, *entrou com eles, e aconteceu que, estando sentados à mesa, ele tomou o pão, abençoou-o, partiu-o e serviu-lho. Então se lhes abriram os olhos e o reconheceram..., mas ele desapareceu. Diziam então um ao outro: «Não é verdade que o nosso*

EMAÚS: DA DECEPÇÃO À ESPERANÇA

coração ardia dentro de nós enquanto ele nos falava pelo caminho e nos explicava as Escrituras?»

Tudo, nessa belíssima cena dos discípulos de Emaús, é espelho e modelo para nós. Bem dizia São Josemaria Escrivá: «Caminho de Emaús, caminho da vida»... Quando nos entristecer a falta de sentido de tantas coisas, e sobretudo, quando nos acabrunharem as decepções que parecem amontoar-se e afogar a esperança, façamos como os discípulos de Emaús:

— Primeiro, abramos a alma a Deus (às vezes, a melhor maneira de abri-la é fazer uma confissão muito sincera).

— Depois, escutemos as suas palavras, meditemos a Sagrada Escritura — especialmente os Evangelhos — com calma, com carinho, deixando que as Palavras de Deus penetrem na alma como a chuva na terra. Elas nos mostrarão que o que nos parece ruim muitas vezes é bom, que a Cruz, que julgamos ser uma porta que se nos fecha e nos deixa num beco sem saída, na realidade é uma porta que se abre, para que entremos num mundo melhor, de mais amor, de mais bondade, de mais pureza, de mais virtude.

— Em terceiro lugar, acolhamos Jesus em casa, na casa da nossa alma, recebendo-o sempre dignamente na Eucaristia, na Comunhão, que é a união com Deus mais íntima que a criatura humana pode alcançar nesta terra: Jesus em nós, Jesus alimento nosso, Jesus sangue do nosso sangue e vida da nossa vida!

— E por fim, a alegria. O coração desanimado, que gelava e murchava, agora *arde dentro de nós*, e inflama-nos com uma nova esperança. Vemos um novo sentido para a vida, iluminada pela fé e o amor de Cristo, e temos necessidade de correr ao encontro dos outros, para contagiá-los com a nossa esperança, como fizeram os discípulos de Emaús depois que Jesus os deixou.

Lição de fé, lição de amor, lição de esperança. Vêm a calhar palavras com que São Josemaria começava uma homilia sobre a esperança: «Há já bastantes anos, com a força de uma convicção que crescia de dia para dia, escrevi: *Espera tudo de Jesus; tu nada tens, nada vales, nada podes. Ele agirá, se nele te abandonares.* Passou o tempo, e essa minha convicção tornou-se ainda mais vigorosa, mais funda. Tenho visto, em muitas vidas, que a esperança em Deus acende maravilhosas fogueiras de amor, com um fogo que mantém palpitante o coração, sem desânimos, sem decaimentos, embora ao longo do caminho se sofra, e às vezes se sofra deveras»[3].

Isto foi o que aconteceu com os discípulos de Emaús. Com o coração renovado pela esperança, desfizeram o caminho dos desertores, voltaram a reunir-se com os Apóstolos e as santas mulheres no Cenáculo e participaram da alegria que — ainda no meio de sombras e hesitações — começava a alastrar-se entre eles e que anunciava um futuro de esperança pelos séculos dos séculos: «*O Senhor ressuscitou verdadeiramente!...*» (Lc 24, 34). Esta é a grande verdade! A esperança cristã acabava de nascer com a Ressurreição de Cristo, para não morrer nunca mais.

---

3   Josemaria Escrivá, *Amigos de Deus*, n. 205.

MEDO E ESPERANÇA

O medo dos Apóstolos depois da Paixão

Os Evangelhos de São Lucas e São João mostram ao vivo, com detalhes sugestivos, o estado de ânimo dos Apóstolos, ao entardecer do dia da Páscoa, quando eram cada vez mais intensos — e confusos — os rumores dos que diziam que tinham visto Jesus vivo (cf. Lc 24, 36-49 e Jo 20, 19-23).

Jesus ressuscitado acabava de estar com os discípulos de Emaús. Estes, quando Jesus os deixou, voltaram correndo, afogueados, a Jerusalém — ao Cenáculo — para contar a todos a grande notícia: como o tinham encontrado no caminho e como o haviam reconhecido ao partir o pão (cf. Lc 24, 35).

Os Apóstolos (todos, menos Judas, já morto, e Tomé, que andava ausente), e mais alguns discípulos — mulheres e homens —, acolheram-nos agitados, alegres e, paradoxalmente, ainda perplexos. Já eram vários os que falavam que Cristo vivia — *Ressuscitou*, diziam, *e apareceu a Simão!* —; já se ia acendendo em seus corações, como uma chama vacilante, a esperança, mas o sentimento dominante da maioria ainda era o *medo*. E é sobre este medo que agora vamos meditar. Pode dar-nos luzes boas, a nós que também conhecemos esta chama vacilante que oscila entre o medo e a esperança.

O que nos conta o Evangelho? São João, falando desse fim de tarde do Domingo da Páscoa, começa por dizer que, *ao anoitecer do mesmo dia, que era o primeiro da semana, os discípulos tinham fechado as portas do lugar onde se achavam, por medo dos judeus* (Jo 20, 19). Esta é a primeira coisa que ele comenta, para nos situar no ambiente: estavam trancados no Cenáculo, naquele *quarto de cima* (cf. Lc 22, 12) onde Jesus havia instituído a Eucaristia, porque *tinham medo*: temiam, e com razão, que os mesmos que haviam acabado com Jesus quisessem acabar com eles. Quem não teria medo de sofrer a mesma sorte do Mestre, odiado, perseguido e crucificado? A verdade é que todos nós, nas mesmas circunstâncias, teríamos sentido a mesma coisa.

Mas, por mais que compreendamos e desculpemos os discípulos, não devemos esquecer que esse medo surgiu e cresceu sobre um *vácuo de esperança,* uma falha que poderia não ter existido, e que, por isso, desagradou a Nosso Senhor. Se não fosse assim, Jesus teria sido injusto ao recriminar, primeiro aos de Emaús e depois a todos eles, o fato de terem sido obtusos e lentos em crer no que Ele próprio lhes dissera pelo menos três vezes, bem claramente: que *era necessário que o Filho do Homem padecesse muitas coisas* (Mc 8, 31), que *era necessário que fosse levado à morte e que ressuscitasse ao terceiro dia* (Lc 9, 22).

Por que estais perturbados?

São Lucas, por sua vez, diz que, enquanto os de Emaús ainda falavam com os demais no Cenáculo — estando as portas bem trancadas —, *Jesus apresentou-se no meio deles e disse-lhes: «A paz esteja convosco!» Perturbados e atemorizados, pensaram estar vendo um espírito* — tão longe estavam de ter certeza da Ressurreição. *Mas Ele disse-lhes: «Por que estais perturbados e por que surgem tais dúvidas nos vossos corações?»* (Lc 24, 36-38).

MEDO E ESPERANÇA

Como é humano o Evangelho! Como num filme realista, mostra-nos os pobres Apóstolos aturdidos pela surpresa inaudita de verem Jesus no meio deles. Era algo tão fantástico que lhes parecia impossível, e tremiam de medo de que não fosse verdade, de que os seus sonhos tornassem a cair no chão, despedaçados, como lhes tinha acontecido nas horas trágicas da Paixão.

Por isso, Jesus, cheio de carinho e de compaixão por aquelas crianças-grandes, meio perdidas, deu-lhes provas capazes de «arrasar» quaisquer dúvidas, para que vissem que tudo era verdade e abrissem as portas da alma à certeza. *«Por que surgem tais dúvidas nos vossos corações? — disse-lhes —. Vede as minhas mãos e os meus pés: sou Eu mesmo. Apalpai e vede, que um espírito não tem carne nem ossos, como verificais que Eu tenho». Dizendo isto, mostrou-lhes as mãos e os pés* (Lc 24, 38-40).

E eles, vendo-o, tiveram uma reação tão humana! Como a da mãe, que recupera o filho que julgava perdido, e, de tão feliz, nem consegue acreditar que aquilo seja verdade. Diz o Evangelho: *E, como, na sua alegria, não queriam acreditar, de tão assombrados que estavam, Ele perguntou-lhes: «Tendes aí alguma coisa que se coma?» Então, ofereceram-lhe um pedaço de peixe assado; e, tomando-o, comeu diante deles* (Lc 24, 41-43).

É maravilhosa esta cena. Ver Cristo glorioso comendo um pedaço de peixe assado na frente de todos! Como olharia para eles, enquanto comia! Como eles o olhariam embasbacados, vendo-o comer! Não falta nesta cena aquela ponta de alegria bem-humorada que caracteriza Jesus após a Ressurreição. Como Jesus é humano! E como é divino, na grandeza do seu Amor!

O medo bom e o medo mau

Vale a pena aprofundarmos um pouco no que esta cena da Ressurreição nos sugere a respeito do medo e da esperança. Quem conhece o Evangelho, sabe que Jesus falou várias vezes aos Apóstolos sobre o medo. Poderíamos lembrar várias passagens.

Talvez a mais interessante seja aquela em que Jesus deu aos Apóstolos uma bela lição, para que aprendessem a «temer» direito, a temer «bem», coisa que não é nada fácil. Porque se pode ter *um medo bom* ou *um medo mau*, um medo certo ou um medo errado. Essa lição, deu-a Jesus numa ocasião em que estava falando da Providência de Deus, nosso Pai. Explicou-lhes, então, com carinho: *«Digo-vos a vós, meus amigos: não tenhais medo daqueles que matam o corpo e depois disso nada mais podem fazer. Eu vos mostrarei a quem deveis temer: temei aquele que, depois de matar, tem o poder de lançar no inferno; sim, eu vo-lo digo: temei a este»* (Lc 12, 4-5).

A seguir, tranquilizou-os, dando-lhes a certeza de que podiam esperar tudo da bondade de Deus, de tal modo que a esperança vencesse sempre o temor: *«Não se vendem cinco pardais por dois vinténs? E, entretanto, nem um só deles passa despercebido diante de Deus. Até os cabelos da vossa cabeça estão todos contados. Não temais, pois. Vós valeis mais do que muitos pássaros»* (Lc 2, 6-7).

É importante não perder de vista os «dois medos» de que Jesus fala: o que um filho de Deus não deveria ter e o que, pelo contrário, precisa ter.

Há um fundo comum a todos os medos: o receio de perder algo que amamos. Santo Tomás de Aquino, com muita acuidade, diz que «todo temor nasce do amor». E Santo Agostinho, mais poético, diz que o medo é «o amor em fuga» (o amor que quer fugir daquilo que lhe pode roubar o seu bem). Assim, quem ama o dinheiro e acha que é o maior *bem* da sua vida, tem pavor de perder o dinheiro. Quem ama muito a esposa ou o marido e os filhos — seu maior *bem* na terra —, treme de medo de perdê-los. E quem ama a Deus sobre todas as coisas teme mais do que tudo perdê-lo eternamente (este é o *santo temor de Deus*).

Quer dizer que os nossos medos são como a sombra dos nossos amores. Se eu descubro o que é que mais temo perder, perceberei o que mais amo na vida. Isto faz lembrar aquele delicioso braço-de-ferro que se deu entre São Luís, rei da França, e o chefe do seu exército, Joinville, senescal da Champagne, contado por este último na sua crônica biográfica sobre o santo rei.

São Luís disse certa vez a Joinville que preferia cem vezes ficar leproso a cometer um só pecado mortal. Joinville, muito franco e desbocado, retrucou dizendo que preferia cometer cem pecados mortais antes de ficar leproso. São Luís ficou tão aflito que naquela noite não dormiu e, no dia seguinte, chamou Joinville e, muito mansamente, lhe fez ver que a lepra acaba quando morre o corpo, mas que o pecado mortal pode acompanhar a alma no inferno por toda a eternidade.

É exatamente neste sentido que Jesus nos diz que não temamos o que nos pode fazer perder os *bens efêmeros*, e, pelo contrário, temamos o que nos pode fazer perder os *bens eternos*.

Os bens efêmeros e os bens eternos

Normalmente, nós fazemos o contrário do que Jesus nos ensina. Horroriza-nos perder a saúde corporal, mas não nos horroriza perder a saúde espiritual (o pecado mortal, que tanto preocupava São Luís da França). Os pais, com frequência, fazem como Joinville; pensam que, para o filho, é cem vezes pior o risco de não entrar na faculdade do que o risco de não entrar no Céu. Por isso, acham importantíssimo que estudem horas e horas — o que está certo —, mas não ligam se os filhos não dedicam a Deus sequer a hora semanal da Missa, e não se confessam nem uma vez por ano, e não levam nem um pouquinho a sério o sexto e o nono mandamentos da Lei de Deus.

E, no entanto, os bens efêmeros sempre nos deixam o coração angustiado, porque, mesmo quando parecem mais seguros, inquieta-nos o medo de perdê-los, uma vez que todos eles são bens que mudam ou podem mudar (por exemplo, a fortuna ou a amizade), que morrem ou podem morrer (amigos, parentes, nós mesmos), que enganam ou podem enganar (qualquer ser humano, pecador como nós, pode iludir-nos), que frustram ou podem frustrar (como muito sonhos conquistados que depois nos decepcionam)... Por isso, é loucura pôr neles *todas as esperanças* da vida!

Todos sabemos — apesar de que preferimos não pensar — que a doença, o desemprego, a falência, a perseguição, a morte, toda sorte de «contrariedades» e «desgraças» podem roubar-nos esses bens. Mas esquecemos que ninguém — a não ser nós mesmos — pode roubar-nos os bens eternos, se nos esforçamos por viver no amor de Deus. *Quem nos separará do amor de Cristo?* — dizia São Paulo, num santo desafio — *A tribulação? A perseguição? A fome? A nudez? O perigo? A espada? [...] Mas, em todas essas coisas somos mais que vencedores pela virtude daquele que nos amou.* E conclui dizendo que não existe poder nem força nos céus, na terra e nos abismos que nos possa *separar do amor de Deus em Cristo Jesus Senhor nosso* (cf. Rm 8, 35-39). Só o nosso pecado!

MEDO E ESPERANÇA

É um grande cântico à esperança esse de São Paulo! Foi desse teor o que entoaram os mártires, espoliados e desenganados de tudo na terra, mas que caminhavam para a morte cantando, com a esperança de receberem o abraço eterno de Deus.

Entendemos o que são os «bens eternos»?

Vamos pensar um pouco mais, e descobriremos um panorama ainda mais belo. Comecemos perguntando-nos: quais são os *bens eternos*?

Numa primeira resposta, imediata, diríamos: a Vida eterna, o Céu, que é a visão e a posse amorosa de Deus — supremo Bem e soma de todos os bens — para sempre. E talvez acrescentássemos que também são bens *eternos* as coisas que nos santificam e nos encaminham para o Céu, como a oração, as Confissões e Comunhões bem feitas, os sacrifícios e penitências oferecidos a Deus com sinceridade e devoção.

Tudo isso é verdade, mas, se ficássemos só nisso, não acabaríamos de entender o que Cristo nos ensinou. Neste sentido, são muito esclarecedoras as seguintes palavras de Jesus: *«Não ajunteis para vós tesouros na terra, onde a ferrugem e a traça corroem, onde os ladrões furtam e roubam. Ajuntai para vós tesouros no Céu, onde nem a traça nem a ferrugem os consomem, e os ladrões não furtam nem roubam»* (Mt 6, 19-20).

Cristo fala-nos de ir *juntando*, ao longo da vida, muitos *tesouros* no céu, que jamais nos serão roubados, que não serão efêmeros, mas eternos. E, quais são esses *tesouros*? Todos os nossos pensamentos, palavras, ações, iniciativas, empreendimentos, trabalhos, divertimentos, conversas, alegrias etc., etc., que — praticados por nós com a alma em estado de graça — estiverem de acordo com a vontade de Deus, e forem marcados pela retidão e, sobretudo, pelo amor a Deus e ao próximo.

É muito esclarecedor o que Jesus diz sobre o grande valor que pode ter um simples copo de água: *«Todo aquele que der ainda que seja somente um copo de água fresca a um destes pequeninos, por ser meu discípulo, em verdade vos digo, não perderá a sua recompensa»* (Mt 10, 42). Quer dizer que tudo o que for bom e reto, tudo o que não for egoísta, por pequeno que seja, se é vivido com amor (a Deus e aos nossos irmãos) passa a ser um *bem eterno*, que a morte não poderá levar. Jesus frisa especialmente as boas obras, as obras de misericórdia feitas em favor dos necessitados: *«Tive fome e me destes de comer, tive sede e me destes de beber* [...]. *Todas as vezes que o fizestes a um destes meus irmãos mais pequeninos, a mim o fizestes»*. É bonito perceber que, vivendo assim, agindo retamente, com coração grande, podemos tornar eterno, pelo amor, tudo o que fazemos!

De fato, se vivêssemos deste modo, que medo poderíamos ter? É inevitável, certamente, o *medo psicológico instintivo* (pura reação emocional), que nos acomete diante de um perigo, um assalto, uma doença grave, uma incerteza... Mas o cristão pode superar esse temor graças à virtude da esperança, coisa que o descrente não pode. Pode superar isso, porque a esperança cristã (virtude teologal) nos garante, com absoluta certeza, duas coisas:

> — Primeira, que Deus é tão bom que *faz concorrer tudo para o bem daqueles que o amam* (Rm 8, 28), absolutamente tudo.

> — Segunda, que, se lhe formos fiéis, o sorriso de Cristo estará nos aguardando, por assim dizer, na porta

MEDO E ESPERANÇA

da casa do Pai, para nos oferecer uma felicidade eterna, um Amor sem fundo e sem fim. *«Eu vou preparar-vos um lugar* [...]. *Quero que onde estou, estejais vós comigo* [...]. *Vinde, benditos de meu Pai, tomai posse do Reino que vos está preparado desde a criação do mundo»* (cf. Jo 14, 2-4; Jo 17, 24; Mt 25, 34).

Aconteça o que acontecer, pois, se tivermos fé, esperança e amor (ou seja, se formos cristãos «vivos»), perceberemos que Jesus está sempre ao nosso lado e sempre nos diz: *A paz esteja convosco; sou Eu, não tenhais medo* (cf. Lc 24, 36.38-39).

É lógico, portanto, que, ao meditarmos sobre o mistério da Páscoa, demos graças a Jesus porque, com a sua Ressurreição, conquistou para nós a vitória sobre o medo, porque substituiu o nosso medo pela esperança, essa belíssima virtude, que é o perfume e o incentivo da alma que ainda caminha na terra rumo à Casa do Pai.

RESGATANDO SÃO TOMÉ

Coração valente

São Tomé é uma figura que costuma ser apresentada como símbolo do ceticismo. Já há até uma frase feita: «Ver para crer, como Tomé». No entanto, Tomé é um dos personagens mais comoventes do Evangelho. Vamos procurar compreender, nesta meditação, que, em boa parte, Tomé é um injustiçado, e comecemos perguntando: «Como é que era mesmo Tomé na realidade? Que nos diz dele o Evangelho?»

Para fazer o «resgate» de Tomé (o resgate dos bons exemplos que nos deu), é preciso dizer que, dele, sabemos uma coisa certa, e é que foi um dos corações generosos que, *deixando todas as coisas*, seguiram Jesus. Portanto, confiava em Jesus, acreditava nEle — senão, não teria largado tudo e apostado nEle —; além disso, tinha-lhe amor, pois ninguém se entrega nas mãos de uma pessoa que lhe é indiferente.

Logicamente era humano, e, portanto, tinha fraquezas, como aliás todos os Apóstolos, como todos nós. Mas, antes da Paixão de Jesus, o Evangelho mais nos mostra nele fortaleza do que fraqueza. Refiro-me àqueles momentos críticos — pouco antes da Paixão —, em que Jesus já era perseguido de morte em Jerusalém e teve de retirar-se para além do Jordão, juntamente com os Apóstolos, porque ainda *não tinha chegado a sua hora* (cf. Jo 7, 30). O que lá aconteceu é tocante...

Naquele lugar retirado, Jesus recebeu o recado de Marta e Maria, pedindo-lhe que fosse de novo a Jerusalém (até Betânia, pertíssimo de Jerusalém), porque seu irmão Lázaro estava muito doente: *«Senhor, aquele que amas está enfermo»*. Jesus, no entanto, deixou-se ficar ali ainda dois dias. Mas, de repente, disse: *«Voltemos para a Judeia»*. Isso assustou os discípulos: *«Mestre — disseram-lhe —, há pouco os judeus te queriam apedrejar, e voltas para lá?»* Jesus não se imutou, e disse-lhes abertamente que Lázaro já tinha morrido, *«mas — acrescentou — vamos até ele»*. Todos ficaram espantados, pensando que aquilo era pôr-se na boca do lobo...

Todos menos um, Tomé! Só ele, cheio de coragem, foi capaz de dizer aos seus condiscípulos: *«Vamos também nós, e morramos com ele!»* (cf. Jo 11, 1-16). Estava disposto a morrer com Jesus, por Jesus. Como vemos, no coração de Tomé não havia covardia, nem dúvidas, nem vacilações.

Coração sincero

E ainda há um outro traço do caráter de Tomé que o Evangelho põe em destaque. Tomé era um homem sincero, que gostava da objetividade. Não era daquele tipo de homens que são «objetivos» só para pôr dificuldades, tirar o corpo e dizer que não dá («sou realista», dizem, e, na realidade, são pessimistas ou comodistas). Ele gostava da objetividade para entender melhor as coisas e, assim, poder agir melhor e resolver bem os assuntos. Isso não diminuía nem um pouco a fé que tinha em Jesus. Tomé *unia a fé ao realismo*, um binômio excelente em si mesmo..., mas que pode desequilibrar-se, e então se torna perigoso (como logo veremos). É algo que fica bem claro na Última Ceia.

Naquela noite da Quinta-feira Santa, Jesus estava se despedindo dos seus discípulos, e consolava-os com infinita ternura: *«Não se perturbe o vosso coração. Na casa de meu Pai há muitas moradas [...]; vou preparar-vos um lugar. Depois de ir e vos preparar um lugar, voltarei e tomar-vos-ei comigo [...]. E vós conheceis o caminho para onde eu vou»*. Neste ponto interveio Tomé, com a sua franqueza um pouco bronca, mas cheia de confiança em Jesus: *«Disse-lhe Tomé: Senhor, não sabemos para onde vais. Como podemos saber o caminho?»* Jesus não levou a mal essa pergunta. Ao contrário, tomou pé dela para dizer umas palavras que ficarão para sempre gravadas no coração do cristão: *Jesus respondeu-lhe: «Eu sou o caminho, a verdade e a vida; ninguém vai ao Pai senão por mim»* (Jo 14, 1-6).

Mas houve um outro momento, crucial, em que esse realismo franco de Tomé... espanou. Foi após os acontecimentos perturbadores da Paixão, quando Jesus já havia ressuscitado (e daí vem a «má fama» de Tomé).

Lembremos o que aconteceu. Na tarde do domingo de Páscoa, em que Jesus apareceu aos Apóstolos no Cenáculo, *Tomé* — diz o Evangelho — *não estava com eles*. Ou seja, não viu Jesus. Provavelmente, chegou bem mais tarde naquela noite, ou então só voltou à casa no dia seguinte. Podemos imaginar que chegou ao Cenáculo triste, com olheiras de pouco dormir e o ricto amargo na boca de muito sofrer. Pois bem, mal acabava de subir a escada até o segundo andar — *a sala de cima* (Lc 22, 12) —, quando os outros que lá estavam o cercaram, agitadíssimos, dizendo: *«Vimos o Senhor!»*

Pobre Tomé! Aquela enxurrada de entusiasmo, totalmente inesperada, caiu-lhe como um golpe de malho na cabeça. Deixou-o atordoado. Eu o imagino de olhos arregalados, assustado com a estranha euforia dos outros, balbuciando em voz baixa: «Vocês estão loucos!

Vocês perderam o juízo?» E eis que o bom Tomé, o sofrido Tomé, o franco Tomé, de repente embirrou. A sua tendência para o realismo e a objetividade saiu dos eixos, extrapolou em casmurrice e desequilibrou-se: *Mas ele replicou-lhes: «Se não vir nas suas mãos o sinal dos pregos, e não puser o meu dedo no lugar dos pregos, e não introduzir a minha mão no seu lado, não acreditarei!»* (Jo 20, 24-29). Emburrou, e não havia modo de fazê-lo sair dessa atitude fechada.

O amor que faz duvidar

Vemos nessa atitude só um defeito? Será que não poderíamos pensar que era tão grande o carinho de Tomé por Jesus, que não aguentava pensar sequer na possibilidade de que houvesse um engano? Não tinha coragem de deixar que a sua esperança subisse a mil por hora como um foguete, na crença de que Jesus vivia, para depois cair e espatifar-se no chão, na decepção. E se tudo não passasse de histeria dos amigos? Não esqueçamos que, às vezes, a alegria dá medo. Temos tanto receio de embarcar numa alegria grande que depois nos possa decepcionar! Por isso, quando desejamos muito, muito mesmo, uma coisa que nos promete grande alegria, temos a tendência instintiva de começar a pensar nas coisas «ruins» que poderão acontecer: vai surgir um imprevisto, vai falhar na última hora, vou chegar atrasado, não vai dar certo...

Isso pode explicar a reação negativa de Tomé. No entanto, é preciso reconhecer que houve mesmo uma falha. De fato, Jesus teve de corrigi-lo... E, do erro dele, Nosso Senhor quis que nós aprendêssemos. Ele sempre tira o bem de tudo, mesmo do mal.

Em que consistiu seu erro? Naquela hora decisiva, faltaram-lhe a fé e a esperança sobrenaturais. Tomé quis ser tão realista, tão terra a terra — para «se garantir» —, que só enxergou o que tinha debaixo dos pés e na ponta do nariz. Isto é o que acontece com todos os que se chamam a si mesmos «realistas», gente de «pé no chão», «experientes» e «conhecedores da vida»..., e se esquecem de que a coisa mais «real» que há no mundo é a presença viva de Deus, o seu poder e a sua ação amorosa... e muitas vezes inesperada e desconcertante.

Um realismo que se torna pessimismo

É interessante observar que todos os pessimistas se chamam a si mesmos realistas e desprezam os «sonhadores» (assim chamam aos que vivem da fé), como se fossem ingênuos ou tolos. Felizmente, nós cremos no *Deus da esperança* (Rm 15, 13), e por isso somos necessariamente otimistas.

Cristo quer, sem dúvida, que vivamos uma vida realista, mas contando com o «fator» mais real de todos, que é Ele e a força assombrosa do seu amor e da fidelidade às suas promessas. Assim o expressa, de maneira maravilhosa, a Carta aos Hebreus: *A fé é o fundamento das coisas que se esperam, é uma demonstração do que não se vê. Foi ela que fez a glória dos nossos antepassados* (Heb 11, 1-2).

A falta dessa fé no amor e nas promessas de Deus traz consigo a falta da esperança, que a fé deveria gerar. Este foi o motivo da repreensão afetuosa que Jesus deu a Tomé. E deu-a com razão, pois Tomé não soube pôr toda a sua fé nas promessas anteriores de Cristo — *«Voltarei a vós [...]; ao terceiro dia o Filho do homem ressuscitará»...* (cf. Jo 14, 3; Mt 17, 21-22) —; e não deu crédito ao testemunho dos outros Apóstolos que, por ser unânime, merecia confiança.

Mas a repreensão de Jesus, como todas as suas palavras e atos, é uma grande luz para a nossa alma. Vejamos o que diz o Evangelho:

Oito dias depois (da aparição aos Apóstolos no dia da Páscoa), *estavam os seus discípulos outra vez no mesmo lugar e Tomé com eles. Estando trancadas as portas, veio Jesus, pôs-se no meio deles e disse: «A paz esteja convosco»...* Podemos imaginar a cara de espanto do nosso Tomé... O seu coração deve ter ficado acelerado, quase que a estourar-lhe no peito, quando Jesus se dirigiu pessoalmente a ele. *Depois, Jesus disse a Tomé: «Introduz aqui o teu dedo, e vê as minhas mãos. Põe a tua mão no meu lado, e não sejas incrédulo, mas homem de fé!»* E, apanhando a mão de Tomé, fez como estava dizendo.

A reação de Tomé, caindo em lágrimas aos pés de Jesus, foi esplêndida: *Respondeu-lhe Tomé: «Meu Senhor e meu Deus!»* Ele, que tinha duvidado, acabou fazendo o maior ato de fé até então pronunciado por qualquer dos Apóstolos: um ato de fé absolutamente explícita, luminosa, na *divindade de Cristo: «Meu Deus!»* E Jesus encerrou a questão, pensando em nós, em todos os que haveríamos de ser os seus discípulos, no decorrer dos séculos: *«Creste porque me viste. Felizes aqueles que creem sem terem visto!»* (Jo 20, 24-29).

O lado luminoso da lição de Tomé

É como se, com as palavras que dirigiu a Tomé, Cristo nos perguntasse: «Você crê mesmo em mim? Você, por crer em mim, sabe esperar nas coisas que *não se veem*, que só se *preveem* com a fé, sabe esperar nas coisas que Deus quer, mas que os *realistas* chamam *impossíveis*?» Vale a pena lembrar o que escreve São Paulo: *Porque pela esperança é que fomos salvos. Ora, ver o objeto da esperança já não é esperança; porque o que alguém vê, como é que ainda o espera?* (Rm 8, 24).

Deus — por assim dizer — «desafia-nos» a viver de esperança, a saber esperar do seu amor coisas grandes que não vemos, coisas que nos parecem impossíveis, mas que Ele nos quer dar. Mesmo diante das maiores dificuldades, todos podemos dizer com São João: *Nós conhecemos o amor de Deus, e acreditamos nele* (1 Jo 4, 16).

O «realismo» cristão está feito de fé, de coragem e de magnanimidade. *O nosso realismo é a esperança.* Aí está o segredo do otimismo do cristão. É preciso que, aquecidos pela fé, pelo amor e pela esperança, saibamos apontar alto, apontar para coisas grandes, para ambições santas, e confiar plenamente em Deus. A mulher de fé, o homem de fé, confia sobretudo em dois pilares fortíssimos sobre os quais se apoia a esperança cristã: a *obediência a Deus* (fazer o que sabemos que Deus nos pede), e *a oração* (pedir com a fé com que um filho pede a um pai de cujo amor não duvida). Apoiada na obediência e na oração, a nossa esperança ficará, como diz o Livro da Sabedoria, *cheia de imortalidade* (Sb 3, 4).

Há alguns exemplos, no Evangelho, que ilustram tudo isto muito bem. Hoje vamos focalizar apenas um deles, que é especialmente claro.

Generosidade e esperança

Todos nos lembramos, provavelmente, da passagem do Evangelho que narra a primeira multiplicação dos pães. E talvez tenhamos presente a figura encantadora daquele menino — de que fala São João no capítulo sexto do seu Evangelho —, que colaborou com o milagre.

Mais de cinco mil pessoas estavam certa vez em um lugar afastado, ouvindo Jesus. Passou o tempo e sentiram fome. Percebendo isso, o Senhor disse aos Apóstolos que lhes dessem de comer. Mas como poderiam fazê-lo? Não havia nem pão nem dinheiro para comprá-lo. De repente, André apareceu trazendo pela mão um garoto, que estava, ao mesmo tempo, feliz e meio encabulado: «Eu tenho aqui — assim deve ter falado o menino a André — cinco pães de cevada e dois peixes». Ao vê-lo, Jesus sorriu, pegou os pães e os peixinhos, e deu a entender que tudo estava resolvido. Mandou sentar na relva todo o mundo, pediu aos Apóstolos que repartissem os cinco pães e os dois peixes e... comeram todos à vontade e ainda sobraram doze cestos! Um milagre apoiado numa oferenda mínima, mas cheia de amor, de generosidade... (cf. Mc 6, 34-44 e Jo 6, 1-13).

Não é clara a mensagem? Cristo — com esse milagre — diz-nos: «Não desanime se acha que não tem meios para resolver os problemas, para sair de uma situação de pecado, para ajudar um filho ou um amigo, se acha que não tem capacidade para aliviar as necessidades de tantas pessoas que carecem de tudo e sofrem; ou para fazer apostolado; ou que não tem forças para adquirir determinadas virtudes. Tenha confiança em mim, e faça da sua parte o que puder, ainda que seja pouquinho, os seus *cinco pães*...; mas que seja *tudo o que pode* mesmo, como o menino que deu tudo o que tinha. O resto — acrescenta Jesus — é comigo».

Concluindo esta meditação, não vemos que o maior e melhor realismo do mundo é ter fé e confiança em Deus? As pessoas que agem «como se Deus não existisse, ou não visse, ou não amasse» caem na mais trágica falsificação da *realidade*. As pessoas que ainda não perceberam que a oração é infinitamente mais forte que a energia atômica e que o poder do dinheiro, estão fora

RESGATANDO SÃO TOMÉ

da realidade. As pessoas que não percebem que a maior garantia de que receberão os dons de Deus é obedecer a Deus — obedecendo ao seu Evangelho e à sua santa Igreja — estão fora da objetividade. Não nos deixemos dominar nunca — ainda que a nossa vida atravesse momentos difíceis — por uma visão míope. Peçamos a Tomé que nos ajude a ser os «realistas da esperança», que com certeza ele nos acudirá. Tem experiência...

ROTINA E AMOR

Um trabalho cansativo e inútil

Há uma cena encantadora, no final do Evangelho de São João (Jo 21, 1 e segs.), que hoje nos vai ajudar a meditar sobre a nossa vida, concretamente a pensar diante de Deus no sentido do nosso dia a dia, que tantas vezes nos parece monótono e cinzento.

Trata-se de uma cena de pesca, de um fato que aconteceu depois da Ressurreição de Cristo, quando os Apóstolos, a pedido de Nosso Senhor, já tinham subido de Jerusalém para a Galileia. Lá, certo dia, se encontravam juntos sete deles (Pedro, Tomé, Natanael — também conhecido como Bartolomeu —, Tiago e João, e outros dois cujo nome não se menciona). Estavam novamente à beira do lago de Genesaré, que havia sido palco do seu trabalho profissional de pesca e também lugar de encontros inesquecíveis com Jesus.

Estava caindo a tarde. Pedro, então, disse aos outros: *«Vou pescar»*, e assim o fizeram: *Partiram e entraram na barca. Naquela noite, porém, não pescaram nada.*

Após uma noite de esforços inúteis — lançar a rede, recolhê-la vazia! —, estavam voltando para a praia em silêncio, como antigamente já lhes acontecera (cf. Lc 5, 5), e seus corações estavam tão cinzentos como a cor das nuvens do anteamanhecer.

O coração estava inundado pela neblina cinza, triste, de um trabalho inútil! Essa é a cor de muitos corações, quando sentem o peso da *rotina dos dias*: sempre o mesmo trabalho, sempre os mesmos lugares, sempre as mesmas caras, sempre o mesmo trânsito, sempre as mesmas reclamações da mulher, sempre os mesmos mutismos e alheamentos do marido, e os mesmos problemas dos filhos, e a mesma dor de coluna, e a mesma falta de dinheiro... E isso, um dia e outro dia, e um mês e outro mês, e um ano e outro ano... As pessoas sentem-se envolvidas por essa *rotina* como por um gás asfixiante, e pode chegar um momento muito perigoso, que é quando pensam: «Não aguento mais, isto não é vida».

A solução será «mudar»?

Muitos acham, então, que a solução consiste em «mudar» (mudar de cidade, mudar de mulher ou de marido, mudar de trabalho, mudar de religião, mudar os hábitos certos e passar a ter vida desregrada). Ou então «desligam» de tudo e de todos, e passam a viver num mundo de sonhos, de fantasias (divagações de internet e tv), de saudades..., que, por serem evasões, facilmente desembocam na pior fuga, na alienação completa do álcool ou das drogas.

Santo Agostinho, o coração inquieto que não se conformava com as coisas medíocres, dizia: «Eu temia tanto como à morte ficar preso pelo hábito rotineiro». Mas não resolveu o problema fugindo, e sim arrependendo-se dos seus pecados e procurando Deus com toda a sua alma.

Todos deveríamos ter pavor tanto da rotina asfixiante como da falsa solução da fuga. Porque o problema da rotina — contrariamente ao que muitos pensam — não está na *repetição* continuada das ações e das circunstâncias externas, mas na falta de *renovação* do nosso coração, do nosso modo de ver e amar as coisas e as pessoas. O mal está *exclusivamente dentro de nós*, gostemos ou não de reconhecer isso.

É muito sugestiva, a esse respeito, aquela reflexão de Chesterton no livro *Ortodoxia*, sobre o inglês que, entediado de morar sempre no mesmo lugar, queria procurar novas terras. Viajou, buscou... No fim, avistou uma terra que o atraiu. Começou a internar-se nela e seu coração bateu: aquela era a terra dos seus sonhos. Mas não demorou a perceber com surpresa que acabava de pisar de novo o chão da Inglaterra...

Algo de parecido acontece conosco. Não precisamos ir atrás de outras «ilhas». Basta ficarmos na nossa — na nossa vida real —, mas vendo-a e vivendo-a com frescor de novidade. Isto é o que Jesus nos ensina. Voltemos, então, à nossa cena de pesca.

Jesus na luz do amanhecer

O Evangelho, após falar da pesca fracassada, continua a contar: *Ao romper o dia, Jesus apresentou-se na margem, mas os discípulos não o reconheceram. Jesus disse-lhes então: «Rapazes, tendes alguma coisa que comer?»* É tocante verificar que Jesus ressuscitado apresenta-se aos Apóstolos humano, afetuoso, familiar, não com uma majestade gloriosa e distante. Fala familiarmente: *«Rapazes!»* Pergunta-lhes se têm algo que se possa comer. Ele quer mostrar-nos que, depois da Ressurreição (agora, portanto!), quer viver junto de nós mais do que nunca como um amigo muito próximo, compreensivo, humano, inseparável...

Mas, como acontece conosco, sucedeu que os discípulos, com uma grande miopia espiritual, não perceberam que Jesus estava lá, junto deles, e continuaram desanimados. Dá para imaginar o tom de aborrecimento com que devem ter respondido, meio incomodados, àquele estranho que os interpelava: «*Não!* Não temos nada para comer». E acho que Cristo — rei e senhor de toda a alegria — divertiu-se, humana e «divinamente», quando lhes disse: «*Lançai a rede ao lado direito da barca e encontrareis*». Aconteceu o que já dá para imaginar: uma pesca milagrosa, abundantíssima. *Lançaram a rede e, devido à grande quantidade de peixes, já não tinham forças para a arrastar.* Jesus não faz as coisas pela metade...

Ao ver aquele milagre, *João disse a Pedro: «É o Senhor!»* João, o *discípulo amado*, foi o primeiro a ter sensibilidade para perceber que aquele desconhecido era Jesus, e avisou o «patrão» da barca, Pedro. E o bom Pedro, o Pedro emotivo e impulsivo que todos conhecemos, «deu uma de Pedro»: *Simão Pedro, ao ouvir que era o Senhor, apertou o cinto da túnica, porque estava sem mais roupa, e lançou-se à água.* Não pôde esperar que a barca chegasse à terra. Lançou-se de cabeça à água, ansioso por chegar a Jesus quanto antes! Pouco depois chegaram os outros na barca, arrastando a rede cheia.

E o que encontraram? Vamos prestar bem atenção. Vocês acham que encontraram um Jesus hierático, sentado numa cátedra de marfim, dizendo-lhes: «Vamos deixar-nos de coisas banais, materiais, agora que me reconheceram, e vamos falar do que importa: de coisas celestiais, de coisas elevadas, só das coisas espirituais, as únicas que contam»? Vocês acham que foi assim? É claro que não! Todos sabemos que foi bem diferente. Vejamos o que diz o Evangelho.

Ao saltarem em terra, viram umas brasas preparadas e um peixe em cima delas, e pão. Disse-lhes Jesus: «Trazei aqui alguns dos peixes que agora apanhastes»...

ROTINA E AMOR

E depois: «*Vinde comer*». E pronto! Lá ficaram sentados em roda, à volta da fogueirinha que o próprio Jesus acendera, sentindo o cheiro delicioso de peixe fresco assado — que Jesus já tinha começado a preparar com as suas próprias mãos —, repartindo pedaços de pão e comendo como uma alegre turma de amigos em piquenique de «feriadão»...

Jesus ama o «trivial cotidiano»

Jesus fez questão de valorizar, de mostrar como é importante o «trivial cotidiano». Eu tenho um conhecido que até chorava de emoção ao pensar nesta cena: «Você — dizia — não percebeu como é maravilhoso? Cristo farofeiro! O Filho de Deus, farofeiro!»

Esse meu amigo se alegrava justamente ao perceber o carinho com que Cristo vê e valoriza a nossa vida diária, os pequenos acontecimentos, os prazeres simples da vida, que às vezes nos parecem tão longe dos grandes ideais, e concretamente tão longe do ideal cristão de Amor e de santidade... E esquecemos que Jesus passou trinta anos vivendo com amor a «rotina dos dias» no lar de Maria e José, tendo uma vida normal, discreta e simples, de família, de trabalho..., sendo, como se lê no Evangelho, *o carpinteiro, filho do carpinteiro* (Mc 6, 3; Mt 13, 55). E aquilo era a «vida do Deus feito homem», cheia, portanto, de grandeza divina. Com ela estava nos redimindo.

Se refletirmos um pouco, perceberemos que esta cena de Cristo que pesca juntamente com os discípulos, e prepara umas brasas, e toma a refeição com os amigos, e conversa com eles à beira do lago, é um símbolo do que deveria ser cada um dos nossos dias. Também nós podemos acordar cada manhã (pensemos na manhã da segunda-feira, a mais cinzenta de todas), e — se nos tivermos lembrado de rezar e oferecer o nosso dia a Deus —, poderemos ver, com a luz da fé, que Jesus está junto de nós e nos diz: «Vamos começar o dia juntos, vamos trabalhar juntos, vamos tratar bem os outros, vamos fazer do trivial cotidiano um poema de Amor...»

Seria tão bom que conseguíssemos ser cristãos que se lembram de Deus durante o dia todo! Bastaria, para isso, às vezes, trazer um crucifixo no bolso e beijá-lo quando estamos a sós; repetir as orações que amamos (talvez as da infância); rezar o terço pela rua, no trânsito; dizer muitas breves jaculatórias — do tipo «Jesus, eu te amo!» «Jesus, dá-me um coração como o teu!» «Santa Mãe de Deus, rogai por mim» —; levantar o coração a Deus para lhe oferecer a tarefa do momento, ou para lhe agradecer pequenas alegrias... Se conseguíssemos conversar com Cristo desta maneira, com certeza se acenderia uma luz nova no nosso coração, e veríamos de uma maneira também «nova» o transcorrer da vida diária. No meio do cotidiano repetido, ouviríamos sua voz que nos diz: *«Eis que eu faço novas todas as coisas»* (Ap 21, 5).

O «santo do cotidiano»

Há uma doutrina cristã maravilhosa, que São Josemaria Escrivá, como instrumento de Deus, proclamou com uma clareza e uma força tão grandes, que acendeu fogueiras de alegria e de amor em milhares de pessoas comuns — cristãos «vulgares» —, em todo o mundo. A missão que Deus lhe confiou era a de contribuir para que os cristãos comuns, que vivem no meio do mundo, compreendessem «que a sua vida, tal como é,

ROTINA E AMOR

pode vir a ser ocasião de encontro com Cristo: quer dizer, que é um caminho de santidade e de apostolado. Cristo está presente em qualquer tarefa humana honesta: a vida de um simples cristão — que talvez a alguns pareça vulgar e acanhada — pode e deve ser uma vida santa e santificante»[1].

Como conseguir viver esse ideal? São Josemaria Escrivá mostrava o caminho: «Fazei tudo por amor — dizia —. Assim não há coisas pequenas: tudo é grande. — A perseverança nas pequenas coisas, por Amor, é heroísmo»[2].

E aplicava essa doutrina — que está inspirada no Evangelho e em São Paulo (*Se não tiver amor, nada me aproveita*: 1 Cor 13, 3) — a todas as coisas cotidianas boas e normais: podemos sorrir, por amor, quando não temos vontade mas os outros precisam de «caras sorridentes»; podemos acabar, por amor, um trabalho que gostaríamos de interromper por cansaço; podemos colocar a roupa no seu lugar, oferecendo esse sacrifício a Deus, em vez de jogá-la em cima da cama ou no chão; podemos rezar as orações que nos propusemos, ainda que nos custe concentrar-nos, porque não queremos furtar a Deus, com desculpas de cansaço (que não teríamos para um jogo de futebol ou para gastar tempo inútil na internet), esses momentos que são para Ele...

São Josemaria, quando estava nesta terra, ajudava as pessoas — e também agora continua a fazê-lo lá do Céu — a converter, com a graça de Deus, todos os momentos e circunstâncias da vida em ocasião de amar e de servir, com alegria e com simplicidade, e a

---

1   Josemaria Escrivá, *Entrevistas com Mons. Josemaria Escrivá*, 3ª ed., Quadrante, São Paulo, 2016, n. 60.

2   Josemaria Escrivá, *Caminho*, 13ª ed., Quadrante, São Paulo, 2022, n. 813.

iluminar assim os caminhos da terra com o resplendor da fé e do amor. Para os que se propõem seriamente viver assim, a rotina é impossível. O amor e o desejo de servir fazem ver tudo como uma oportunidade única, inédita, de *dar* (amar é dar) alguma coisa a Deus e aos nossos irmãos. Vivido com carinho, tudo se faz «novo»...

Lembro-me agora de um episódio de faz muitos anos. Fui certa vez comprar figuras de presépio a um artesão — um artista de verdade —, e lhe pedi uma figura igual a outra que ele tinha numa prateleira do ateliê. Disse-me rotundamente que não. Perguntei: «Mas não conserva o molde?» Ao ouvir essas palavras, levantou-se indignado, como se eu o houvesse ofendido, e gritou: «Molde!? Molde!?... Eu não tenho molde! Cada figura é única e irrepetível»... Se cada dia nosso fosse assim, sem «molde», sem ser uma «peça em série», uma simples «xerox» do dia anterior..., que maravilha!

Neste sentido é que São Josemaria dizia: «Não esqueçam nunca: há *algo* de santo, de divino, escondido nas situações mais comuns, algo que a cada um de nós compete descobrir [...]. Deus espera-nos cada dia: no laboratório, na sala de operações de um hospital, no quartel, na cátedra universitária, na fábrica, na oficina, no campo, no seio do lar e em todo o imenso panorama do trabalho. [...] A vocação cristã consiste em transformar em poesia heroica a prosa de cada dia»[3].

E insistia com ênfase especial na santificação do trabalho. Incutia nas almas o ideal de realizar com perfeição o trabalho, por amor a Deus e com o empenho de servir ao próximo: trabalho bem feito, acabado,

---

3   Josemaria Escrivá, *Entrevistas com Mons. Josemaria Escrivá*, n. 114.

caprichado nos detalhes, digno de ser colocado *no altar do coração* e oferecido juntamente com Jesus--Hóstia na Santa Missa. Toda a vida do cristão se converteria assim numa Missa. É a isso que todos nós deveríamos aspirar.

Já imaginou como tudo mudaria se, ao terminar cada um dos nossos dias e fazer a nossa oração da noite, pudéssemos dizer: «Amanhã vou começar um outro dia, uma nova etapa da minha vida diária. Mas agora já não vou encará-lo aborrecido, suspirando e dizendo: "Mais um". Não! Ajudado por Deus, vou entrar nele com a luz que Jesus acendeu no meu coração, e direi, com alegria: "Hoje começa mais um dia, novinho em folha, por estrear. Hoje se me apresenta mais uma ocasião de amar e de servir. Vou me esforçar — rezando, mantendo o mais possível a presença de Deus — por conseguir que o meu amor introduza belas novidades, atitudes renovadoras, na minha rotina de todos os dias"».

AS LÁGRIMAS DE SÃO PEDRO

Pedro se entristeceu

Uma das cenas mais tocantes do relato evangélico sobre as aparições de Jesus ressuscitado é a do diálogo que Cristo manteve com Pedro, enquanto caminhavam à beira do lago de Tiberíades, após a refeição familiar de que acabamos de falar (Jo 21, 15 e segs.).

O Evangelho dá a entender que, terminada a refeição, Jesus começou a passear com Pedro pela praia. *Tendo eles comido, Jesus perguntou a Simão Pedro: «Simão, filho de João, tu me amas mais do que estes?» Respondeu ele: «Sim, Senhor, tu sabes que te amo»...* Três vezes o Senhor repetiu essa mesma pergunta.

Sem dúvida, Pedro, ouvindo essas três perguntas, deve ter evocado os momentos amargos da Paixão em que, por três vezes, tinha negado Jesus (cf. Mt 26, 69-75). Ainda tinha gravada na memória a imagem de Cristo na casa do sumo sacerdote, acorrentado, com as faces roxas de pancadas e sujas de escarros, desprezado, muito precisado de carinho, de consolo, de amizade... Conta São Lucas que, *voltando-se o Senhor, olhou para Pedro* do alto da escada do pátio daquela casa. *Então Pedro lembrou-se da palavra do Senhor: «Hoje, antes que o galo cante, me negarás três vezes». E, saindo fora, chorou amargamente* (Lc 22, 62).

Pobre Pedro! Como deve ter recebido aquele olhar de Jesus sofredor! Nele não havia nada de recriminação, nada de ressentimento. Apenas estava dizendo-lhe com os olhos: «Eu te chamei com amor de predileção e, apesar de tudo o que acabas de fazer, continuo a amar-te, meu pobre amigo, pobre filho meu». Era um olhar de *misericórdia*, que é a expressão mais bela e profunda do amor que Deus nos tem, «amor mais forte do que a morte — diz São João Paulo II —, mais forte do que o pecado. [...] São infinitas a prontidão e a força do perdão de Deus. Nenhum pecado humano prevalece sobre esta força e nem sequer a limita»[1]).

Pedro deve ter ficado atordoado depois desse encontro de olhares. Naquela hora deve ter evocado — como numa fotografia instantânea — o momento em que Jesus o tinha escolhido para ser seu Apóstolo, o chefe dos Apóstolos, a pedra fundamental da sua Igreja (cf. Jo 1, 42; Mt 16, 18). Deve ter lembrado também o oceano de cuidados, ensinamentos, ajudas, compreensão, afeto e paciência, que Jesus lhe havia dispensado ao longo dos três anos em que andaram juntos; deu-se conta de que tinha sido objeto de um carinho imenso, que, mesmo que quisesse, não teria como pagar... E, ainda por cima, após as negações, Jesus lhe pagava o pecado, não com um castigo e nem sequer com um olhar de censura, mas com um olhar terno e acolhedor. Entende-se que, saindo fora, Pedro *chorasse amargamente*... Dizem alguns escritores antigos que, durante anos, ainda se lhe notava na face a vermelhidão causada por tantas lágrimas, lágrimas de amor e dor.

Outro Apóstolo — Judas — também tinha negado Jesus na hora da Paixão, traiu-o e se arrependeu, mas chorou só de remorso e de raiva, do horror insuportável que lhe causava perceber quão fundo tinha caído. *Pequei, entregando o sangue de um justo* (Mt 27, 4). Mas não lhe adiantou nada. Não soube confiar na misericórdia de Deus, não foi capaz de acreditar na misericórdia divina, «que — como diz São João Paulo II — sabe tirar

---

1 São João Paulo II, Enc. *Dives in misericordia*, 30.11. 1980, n. 83.

AS LÁGRIMAS DE SÃO PEDRO

o bem de todas as formas do mal existente no homem e no mundo»[2]. Judas Iscariotes desesperou-se: *Jogou então no templo as moedas de prata, saiu e foi enforcar-se* (Mt 27, 5). Poderia ter sido um grande santo se tivesse confiado em Jesus, se tivesse sido humilde...!

Reflexos da misericórdia de Deus

Mas voltemos àquela conversa a sós de Jesus ressuscitado com Pedro à beira do lago, pois ela nos sugere outras coisas dignas de ser meditadas, além das que já vimos.

Será bom recordarmos a cena completa: *Tendo eles comido, perguntou Jesus a Simão Pedro: «Simão, filho de João, tu me amas mais do que estes?» Respondeu ele: «Sim, Senhor, tu sabes que eu te amo». Disse-lhe Jesus: «Apascenta os meus cordeiros». Perguntou-lhe outra vez: «Simão, filho de João, tu me amas?» Respondeu-lhe: «Sim, Senhor, tu sabes que te amo». Disse-lhe Jesus: «Apascenta os meus cordeiros». Perguntou-lhe pela terceira vez: «Tu me amas?» Pedro entristeceu-se porque lhe perguntara pela terceira vez: «Tu me amas?», e respondeu-lhe: «Senhor, tu sabes tudo, tu sabes que eu te amo». Disse-lhe Jesus: «Apascenta as minhas ovelhas»* (Jo 20, 15-17).

Que vemos aí? Que nos mostra esse trecho do Evangelho? São coisas difíceis de expressar, ainda que sejam muito simples. Mas todas elas são manifestações da misericórdia de Deus:

— Em primeiro lugar, Jesus ajuda Pedro a reparar e superar seus três pecados com três atos de amor.

---

2   *Idem*, n. 44.

— Em segundo lugar, Jesus faz ver a Pedro que, apesar do seu pecado, considera-o capaz de ser muito santo, de amar *mais do que todos estes.*

— Em terceiro lugar, em vez de depor Pedro do cargo de chefe da Igreja por tê-lo renegado, faz questão de confirmá-lo na autoridade que lhe havia conferido: ser o primeiro entre todos os Apóstolos (cf. Mt 16, 18-19), o pastor dos cordeiros e das ovelhas, o pastor — como Vigário de Cristo — dos pastores e do povo fiel.

Todas essas manifestações da misericórdia nos falam da esperança que deve animar a nossa vida. A primeira começa falando da confiança que Jesus tem em nós, na nossa capacidade de nos recuperarmos e reparar as nossas faltas, por mais que tenhamos sido e sejamos pecadores; e também da alegria que Deus experimenta quando um pecador — por mais «trapo sujo» que seja — volta para Ele, arrependido e cheio de amor. *Haverá maior alegria no Céu por um só pecador que fizer penitência do que por noventa e nove justos que não necessitam de arrependimento* (Lc 15, 7).

Essa riqueza da misericórdia de Deus é a que contemplamos na parábola do filho pródigo (Lc 15, 11-32).

O filho menor abandona a casa paterna, comete pecado atrás de pecado, disparate atrás de disparate, e Jesus mostra-nos seu pai, que simboliza Deus, aguardando à entrada da casa, perscrutando o caminho, na esperança de ver um dia o filho voltar. E quando enxerga ao longe uma nuvenzinha de pó, o seu coração pressente o retorno do filho, e quando já se aproxima aquele mendigo empoeirado, o pai tem certeza de que é ele, e, então, *movido de compaixão, correu-lhe ao encontro, lançou-se-lhe ao pescoço e o cobriu de beijos*

AS LÁGRIMAS DE SÃO PEDRO

(Lc 15, 20). Bastou ao filho a boa vontade de se arrepender, de abrir o coração e dizer *«pai, pequei contra o céu e contra ti...»*, para ser envolvido pelo abraço do pai e receber dele todos os bens.

Quem não sabe dizer *pequei*, não sabe amar. Porque só quem descobriu a grandeza do amor que Deus nos tem pode dar-se conta de como lhe pagou mal tanto carinho, de como o esqueceu, de como lhe desobedeceu, de como o ofendeu..., e então pode doer-se por amor, que é o verdadeiro arrependimento, e dizer humildemente como Pedro: *Tu sabes que eu te amo...*

Sem essa captação do Amor, nem sequer conseguiremos reconhecer os nossos pecados. Acharemos uma desculpa para todos eles, a começar pela desculpa de dizer que nem são pecados, que «eu não cometo pecados», e assim fecharemos o mal dentro da câmara escura do nosso coração e trancaremos a porta à misericórdia de Deus e ao seu perdão.

Mais riquezas da misericórdia

Como víamos, há na cena que meditamos uma segunda manifestação da misericórdia divina. Jesus pergunta a Pedro: *Amas-me mais do que estes?* É o segundo ato de confiança de Jesus: *Mais do que estes.* Quer dizer que o pecador que se arrepender de verdade, por amor, receberá a graça de Deus e poderá chegar depois a uns cumes de santidade muito maiores do que os abismos em que se afundou. É isso o que aconteceu com Pedro, com Paulo, com Santo Agostinho e com tantos outros, e é para nós um grande motivo de esperança.

Não tem o espírito cristão a pessoa que diz: «Eu já pequei tanto, caí tão fundo, fiz tantas barbaridades,

que o máximo a que posso aspirar é obter a duras penas o perdão de Deus e entrar no Céu por uma frestinha, como o último da fila, como o "patinho feio", depois de ter ficado no purgatório até o fim do mundo...».
É uma maneira errada de ver as coisas.

Ser convidado por Deus à santidade — a um grande amor —, depois de ter obtido o perdão dos pecados graves, fica claro no caso de Pedro. E também fica patente na parábola do filho pródigo. Ao filho pecador que se arrepende, o pai cumula-o de tantos bens e tantas honras — riquezas que simbolizam a graça divina —, envolve-o em tanta alegria, que provoca a inveja do irmão mais velho, trabalhador honesto, mas egoísta e mesquinho. *Convinha fazermos uma festa —* retruca o pai —, *pois este teu irmão estava morto, e reviveu; estava perdido, e foi achado* (Lc 15, 32).

Nós confiamos assim em Deus? Somos capazes de fazer penitência por amor, de mudar com esperança e de recomeçar uma e outra vez com garra, sem perder a esperança? Cristo deixou-nos um meio fácil e acessível: o Sacramento da Penitência, a Confissão. Dele diz São João Paulo II, na Encíclica antes citada: «Neste Sacramento, todos podem experimentar, de modo singular, a misericórdia, isto é, aquele amor que é mais forte do que o pecado»[3].

E é o mesmo Papa quem afirma: «A conversão a Deus consiste sempre na descoberta da sua misericórdia, do seu amor fiel até às últimas consequências. O autêntico conhecimento do Deus da misericórdia é a fonte constante e inexaurível de conversão»[4].

---

3   *Idem*, n. 13.
4   Cf. *idem*, n. 44, 57, etc.

AS LÁGRIMAS DE SÃO PEDRO

Mais uma manifestação de confiança

Ainda nos resta dizer alguma coisa sobre a terceira manifestação da misericórdia de Deus. Jesus não só perdoa Pedro, não só o anima a procurar as alturas da santidade, como ainda o confirma na missão de Pastor supremo da Igreja na terra, para a qual o escolhera. Não o «descarta», como diria o Papa Francisco. Essa confiança de Cristo também faz grande a nossa esperança.

Eu penso que Ele sempre diz a cada um de nós: «Eu espero muito de você, por mais que a sua vida passada tenha sido um desastre. Não fique apontando baixo, pois você pode fazer — com a minha graça — coisas muito grandes, e assumir e liderar na minha Igreja iniciativas fecundas. Não coloque metas medíocres à sua vida interior e ao seu apostolado. Seja audaz! Aponte alto, pois é aí que Cristo o espera».

O poeta Charles Péguy contempla a vida dos filhos de Deus como um caminho ascendente, que não para de subir até chegar ao Céu. Ele imagina a fé, a esperança e a caridade como três irmãs, e diz que a esperança é a irmã menor, que parece fraquinha, mas que, na realidade, é a que arrasta com força irresistível as outras duas:

> No caminho ascendente, arenoso, incômodo,
> na caminhada ascendente,
> arrastada, pendurada dos braços das irmãs mais velhas
> [da fé e da caridade],
> que a levam pela mão,
> a pequena esperança
> avança.
> E, no meio, entre as duas irmãs mais velhas,
> tem o ar de se deixar arrastar,
> como uma menina que não tivesse forças para caminhar,
> e que fosse arrastada pela estrada contra vontade.

A RESSURREIÇÃO E A ESPERANÇA CRISTÃ

Quando, na realidade, é ela quem faz andar as outras duas,
E que as arrasta,
E quem faz andar toda a gente,
E que a arrasta.

Força e grandeza da esperança cristã, que Jesus ressuscitado implanta no mais íntimo do nosso coração! João Paulo II diz que Cristo ressuscitado é «a encarnação definitiva da misericórdia, o seu sinal vivo»[5]. Peçamos-lhe que, mesmo que tenhamos a desgraça de traí-lo muitas vezes, nos conceda a graça de voltar a Ele sem perdermos jamais a esperança, essa esperança imortal, que Ele nos ganhou morrendo e ressuscitando por nós. E peçamos que a nossa Mãe, Maria, Mãe de misericórdia, Mãe da santa esperança, que nos ajude a mantê-la como uma tocha que nada possa apagar.

---

5   *Idem*, n. 8.

AMOR NO CÉU E MISSÃO NA TERRA

Um olhar para o futuro

No final do seu Evangelho, São João conta-nos que, após o diálogo de Jesus com Pedro que acabamos de comentar, os dois continuaram caminhando pela margem do lago.

Num dado momento, inesperadamente, o Senhor parou e fitou Pedro nos olhos. Antecipando a perspectiva do futuro, disse-lhe: *«Em verdade, em verdade te digo: quando eras mais jovem, cingias-te e ias para onde querias. Mas, quando fores velho, estenderás as tuas mãos, e outro te cingirá e te levará para onde não queres». Por estas palavras, indicava o gênero de morte com que ele havia de glorificar a Deus. E depois de assim ter falado, acrescentou: «Segue-me!»* (Jo 21, 15-19).

Assim foi. Durante a perseguição do imperador Nero, Pedro foi preso em Roma pelo crime de ser cristão e, amarrado como um bandido, foi levado ao patíbulo onde o crucificaram. O Apóstolo, cheio da fortaleza que o Espírito Santo lhe infundia, padeceu e morreu serenamente, e — segundo a tradição — teve o detalhe delicado de pedir que o crucificassem de cabeça para baixo, pois se considerava indigno de morrer como o seu Senhor Jesus.

Uma primeira mensagem

Prestando atenção a essa profecia de Jesus, reparamos que nela há *duas mensagens*. Uma consiste no modo como Jesus fala da *morte*. A outra, na alusão serena que faz ao martírio. Detenhamo-nos um pouco em ambas.

Desde já, é importante perceber que Jesus fala da *morte* e da *dor* com tanta naturalidade, que é evidente que não acha que nenhuma das duas seja uma coisa terrível, uma grande desgraça. Isso faz pensar.

Primeiro, a mensagem sobre a morte. A própria naturalidade — naturalidade séria e grave, mas serena — com que Jesus fala, revela que, para o Senhor, a morte não é nem a destruição nem o fim de tudo. Ele mesmo havia dito que morrer é passar para a casa do Pai (cf. Jo 14, 2). Quer dizer que a vida nesta terra é apenas um caminho — uma bela missão a ser cumprida aqui —, em que, após encontrar o amor de Deus, avançamos para o amor definitivo, o Céu, que é a plena união com Deus e o convívio eterno com os amigos de Deus. Este é o verdadeiro fim do homem.

É uma verdade que Pedro, sob a luz da fé e com a graça do Espírito Santo, compreendeu muito bem, como se reflete neste trecho da sua primeira carta: *Bendito seja Deus, o Pai de nosso Senhor Jesus Cristo! Na sua grande misericórdia, ele nos fez renascer, pela ressurreição de Jesus Cristo dentre os mortos, para uma viva esperança, para uma herança incorruptível, incontaminável e imarcessível, reservada para vós nos céus* (1 Pe 1, 3-4).

E, na sua segunda carta, escreveu: *Portanto, irmãos, cuidai cada vez mais de assegurar a vossa vocação [...]. Assim vos será aberta largamente a entrada no Reino eterno de nosso Senhor e Salvador Jesus Cristo* (2 Pe 1, 10-11).

O triunfo, a realização autêntica da vida é a salvação eterna, é amar, é ser santo, é ir para o Céu. *Que adianta* — dizia Jesus — *alguém ganhar o mundo inteiro, se vier a perder a sua alma?* (Mt 16, 26).

Sem olhar para a vida eterna, todas as grandezas e conquistas deste mundo não são senão pó dispersado por um vento que passa. Mais ainda, uma vida carregada de realizações, mas virada de costas para Deus, é como um navio ricamente equipado, que navega com cargas valiosíssimas, mas não tem destino, não chegará a porto algum; seu destino consiste em girar no redemoinho e afundar no abismo.

Uma segunda mensagem

A segunda mensagem é a paz com que Jesus fala da dor — do futuro martírio de Pedro — como de um bem, considerando-o como um modo de *glorificar a Deus* (cf. Jo 21, 19).

O próprio Pedro chegará a ver o sofrimento, com a força da fé e do amor, como um verdadeiro tesouro. Àqueles cristãos do século primeiro, perseguidos de morte pelo Imperador (muitos foram queimados vivos como tochas, na perseguição de Nero, para iluminar macabramente Roma), escrevia-lhes dizendo que seus padecimentos eram *a prova a que é submetida a vossa fé, mais preciosa do que o ouro perecível* (1 Pe 1, 7). E exortava-os deste modo: *Alegrai-vos de ser participantes dos sofrimentos de Cristo, para que vos possais alegrar e exultar no dia em que for manifestada a sua glória* [...]. *Este Jesus* — dizia-lhes — *vós o amais sem o terdes visto; credes nele sem o verdes ainda, e isto é para vós a fonte de uma alegria inefável e gloriosa* (1 Pe 1, 8 e 4, 13).

Ao meditar nessa fé dos que conheceram Cristo, causam-nos imensa pena aqueles que são incapazes de entender a grandeza do fim sobrenatural da nossa vida — Deus, o Amor que dá sentido a tudo, o Céu — e vivem exclusivamente atrás do prazer, da ambição e da vaidade: balões ocos, furados, que a morte vai queimar.

Só a alma iluminada pela luz do Espírito Santo pode compreender o paradoxo, incompreensível para um materialista, de que amar a Cruz — a *Cruz* de Cristo e do cristão — é o segredo para se ser feliz, não só no Céu, mas já antes na terra. Este, porém, é um tema profundo, que agora ultrapassa a nossa reflexão e pode ser meditado em exposições mais amplas[1]. Passemos à parte final do diálogo entre Cristo e Pedro que estamos meditando.

Uma passagem alegre e fecunda

Depois das palavras sobre o futuro de Pedro, houve mais um diálogo interessantíssimo. O Apóstolo Pedro, *voltando-se para trás, viu que o seguia aquele discípulo que Jesus amava* — João, o narrador destas cenas —. *Vendo-o, Pedro perguntou a Jesus: «Senhor, e este? Que será dele?»* Jesus não quis satisfazer-lhe a curiosidade, e respondeu-lhe de um modo aparentemente seco: *«Que te importa a ti? Tu, segue-me!»* (Jo 21, 20-22).

Digo que é aparentemente seco, porque, entre Pedro e Jesus, havia uma confiança grande e afetuosa, difícil para nós de calibrar. Podemos, contudo, imaginar Nosso Senhor com um sorriso meio brincalhão, dizendo a Pedro algo assim: «Estamos falando agora é da tua vida, da tua missão e da tua entrada no Céu, não da vida dos outros. Cada filho de Deus tem a sua tarefa, a sua vocação própria. Deixa João tranquilo. É claro que também tenho uma missão reservada para ele, e não é nada pequena (de fato João viveu até cerca dos cem anos, cuidou de Nossa Senhora, difundiu a fé entre milhares de pessoas, escreveu o quarto Evangelho e três Epístolas que fazem parte da Bíblia... Nada menos!).

---

1   Cf. Francisco Faus, *A sabedoria da Cruz*, Quadrante, São Paulo, 2001.

AMOR NO CÉU E MISSÃO NA TERRA

Mas o que interessa é que tu, Pedro, cumpras a tua missão pessoal. Por isso, te digo: *Tu segue-me!*»

Com certeza, estas palavras — «*Tu, segue-me!*» — provocaram um sobressalto no coração de Pedro, pois fora com esses mesmos termos que Jesus o tinha chamado três anos antes à beira do mesmo lago onde agora estavam, para que se tornasse seu apóstolo (Lc 5, 1-11). O coração de Pedro deve ter acelerado. As lembranças do dia da vocação devem ter-lhe voltado à memória, rodando com a nitidez de um filme colorido.

Na realidade, havia uma correspondência significativa — querida por Cristo — entre aquele dia remoto do primeiro chamado e esse dia do diálogo com o Ressuscitado. No dia da vocação, Jesus, antes de comunicar-lhe a chamada, fez o prodígio da primeira pesca milagrosa, que São Lucas descreve no capítulo quinto, e à qual já nos referimos. Naquele dia longínquo, após o milagre, Pedro se havia jogado aos pés do Senhor, e este lhe dissera: «*Não temas; de agora em diante serás pescador de homens*» (Lc 5, 10). Era uma definição simbólica da vocação do apóstolo, e é também uma definição da missão apostólica de todo cristão: «*Vinde após mim, e eu farei de vós pescadores de homens*» (Mt 4, 19).

A Igreja nos ensina que todos os batizados temos uma *vocação* divina e uma *missão* a realizar no mundo. Deus chama-nos a todos para sermos *pescadores de homens*. Não podemos ficar pensando apenas na nossa santificação, na nossa salvação. Não é cristão encerrar-se nas preocupações e sonhos pessoais. Estamos chamados por Deus a envolver afetuosamente os outros — respeitando-lhes sempre a liberdade — nas «*redes*» da nossa caridade, do nosso amor fraterno, desse amor que deseja para todos o maior bem, isto é, trazê-los para junto de Cristo, tal como os Apóstolos puseram aos pés de Jesus os *cento e cinquenta e três peixes grandes* da segunda pesca. Peixes que o próprio Jesus já havia feito questão de que simbolizassem as almas: *«Farei de vós pescadores de homens!»*

Perguntemo-nos, à vista disso, quantos parentes, amigos, colegas, conhecidos já levamos nós aos pés de Cristo, à alegria de se encontrarem com o olhar de Cristo, com a palavra de Cristo, com o Coração de Cristo; à felicidade de descobrirem junto de Jesus o amor que não acaba e que dá o sentido à vida?

O mar da Galileia, para nós, é o mundo, e um «Pedro» recente, São João Paulo II, na passagem para o novo milênio, deu-nos como lema as mesmas palavras com que Jesus mandou Pedro pescar, no dia da vocação: *«Duc in altum! — Mar adentro!»* Deus quer que recristianizemos o mundo!

Por incrível que pareça, Deus, que é tudo e fez tudo, quer contar conosco para estender pelo mundo os frutos da Redenção que Jesus conquistou para nós na Cruz ao preço do seu Sangue. Ele quer que o Reino de Deus também «dependa de nós»: do nosso exemplo, do nosso empenho em difundir a doutrina cristã, do nosso apostolado pessoal, feito com a palavra compreensiva, com a confidência amiga, com o conselho leal.

«Mar adentro! Sigamos em frente, com esperança!», escreveu São João Paulo II na Carta apostólica sobre o novo milênio[2]. «Diante da Igreja abre-se um novo milênio como um vasto oceano onde aventurar--se com a ajuda de Cristo [...]. O mandato missionário introduz-nos no terceiro milênio, convidando-nos a ter o mesmo entusiasmo dos cristãos da primeira hora; podemos contar com a força do mesmo Espírito que foi derramado no Pentecostes e nos impele hoje a partir

---

2   São João Paulo II, Carta apostólica *Novo millennio ineunte*, 06.01.2001, n. 58.

AMOR NO CÉU E MISSÃO NA TERRA

de novo, sustentados pela esperança que *não nos deixa confundidos* (Rm 5, 5)».

Cheio de um santo otimismo, o mesmo Papa, no início da sua carta sobre o Rosário[3], escrevia que o cristianismo, «passados dois mil anos, nada perdeu do seu frescor original, e sente-se impulsionado pelo Espírito de Deus a "fazer-se ao largo" — *mar adentro!* — para reafirmar, melhor, para "gritar" Cristo ao mundo como Senhor e Salvador, como "caminho, verdade e vida", como "o fim da história humana, o ponto para onde tendem os desejos da história e da civilização"».

Concluamos esta reflexão. A vida tem como meta, certamente, o Céu. Mas, antes de chegarmos ao Céu, é preciso que — apoiados em Deus e com a sua graça — arregacemos as mangas e realizemos muitas coisas na terra. Sobretudo, é preciso que ajudemos muitos a encontrarem e amarem a Deus, porque Cristo nos deu essa *missão* no mundo. Ele nos ajuda, *está conosco* (cf. Mt 28, 20) e confia em nós.

---

3   São João Paulo II, Carta apostólica *Rosarium Virginis Mariae*, 16.10.2002, n. 1.

SÃO PAULO: A ESPERANÇA E A LUTA

Um encontro inesquecível

São Paulo, no final da primeira Carta aos Coríntios, menciona detalhadamente numerosas aparições de Cristo ressuscitado, e termina evocando a «última» delas: o seu encontro pessoal com Jesus ressuscitado às portas de Damasco, o fato que transformou inteiramente a sua vida. *E, por último de todos, apareceu também a mim, como a um abortivo. Porque sou o menor dos Apóstolos, e não sou digno de ser chamado apóstolo, porque persegui a Igreja de Deus...* (1 Cor 15, 8-9).

Tão marcante, tão decisivo foi esse encontro, que os Atos dos Apóstolos trazem três narrações muito extensas — duas contadas pelo próprio protagonista — dessa aventura divina, que mudou Paulo de perseguidor em Apóstolo. A partir daí, o motor da sua infatigável missão apostólica foi o amor a Jesus, aceso para sempre na sua alma: *O amor de Cristo nos constrange... Sim, Ele morreu por todos, a fim de que os que vivem já não vivam para si, mas para aquele que por eles morreu e ressuscitou* (2 Cor 5, 14-15).

O seu «programa» de vida passou a ser este: *Eu vivo, mas já não sou eu que vivo; é Cristo que vive em mim. A minha vida presente, na carne, eu a vivo na fé no Filho de Deus, que me amou e se entregou por mim* (Gl 2, 20). *Para mim, o viver é Cristo e morrer é lucro, estar com Cristo é incomparavelmente melhor* (Fl 1, 21.23).

A humildade de um gigante

Por mais que passassem os anos, Paulo nunca se esqueceu de que fora um perseguidor de quem Jesus teve misericórdia, e que o escolheu gratuitamente, sem mérito algum da parte dele. Comparando-se com os outros Apóstolos, via-se a si mesmo como um *aborto*, como o mais indigno. *Deus escolheu o que é fraco no mundo para confundir os fortes; e o que é vil e desprezível no mundo, como também aquelas coisas que nada são, para destruir as que são. Assim, nenhuma criatura se vangloriará diante de Deus* (1 Cor 1, 27-29).

Essa sua humildade de julgar-se *nada*, de considerar-se o *último*, permite-nos entender corretamente outra afirmação que parece contradizê-la: *Mas, pela graça de Deus, sou o que sou, e a graça que Ele me deu não tem sido inútil. Ao contrário, tenho trabalhado mais do que todos eles.*

Tenho trabalhado mais do que todos... Tudo fica claro ao lermos que a afirmação de ter trabalhado mais do que ninguém vai precedida pela declaração de que é só *pela graça de Deus que sou o que sou*; e fica arrematada com estas palavras finais: *Tenho trabalhado..., não eu, mas a graça de Deus que está comigo* (1 Cor 15, 10).

«A humildade é a verdade», gostava de lembrar Santa Teresa de Ávila. Negar as maravilhas da graça de Deus, negar os prodígios que Deus faz por meio de seus pobres instrumentos humanos, seria rebaixar a Deus, não seria humildade nossa.

A humildade autêntica sabe conjugar as duas certezas, que São Paulo certamente possuía:

— *Toda a nossa capacidade vem de Deus* (2 Cor 3, 5).
— *Tudo posso nAquele que me dá forças* (Fl 4, 13).

A força que triunfa da fraqueza

Houve um momento em que São Paulo experimentou fortemente o seu «nada». Ele mesmo abre a alma e conta essa aflição. Enquanto relata aos Coríntios os seus trabalhos e sofrimentos apostólicos, e também os dons e revelações recebidos de Deus, interrompe-se e diz: *De mim mesmo, porém, não me gloriarei, a não ser das minhas fraquezas [...]. E para que a grandeza das revelações não me levasse ao orgulho, foi-me dado um espinho na carne, um anjo de Satanás para me esbofetear e me livrar do perigo da vaidade* (cf. 1 Cor 12, 1-7).

O que era esse «espinho»? Os melhores intérpretes concordam em que se tratava de uma doença ou sofrimento corporal, que nós não conhecemos, mas que ele sentia como capaz de arruinar os seus planos apostólicos. Tanto o afligia — pois ardia em desejos de levar Cristo a toda parte —, que dizia: *Três vezes roguei ao Senhor que o apartasse de mim.* Jesus, porém, não atendeu à sua súplica, fez outra coisa: *Mas Ele me disse: «Basta-te a minha graça, porque é na fraqueza que se revela totalmente a minha força»* (v. 9).

Paulo aceitou essa resposta sem hesitar, e levantou de novo o ânimo com o vigor da fé: *Portanto, prefiro gloriar-me das minhas fraquezas, para que habite em mim a força de Cristo [...]. Eis porque sinto alegria nas fraquezas [...], no profundo desgosto sofrido por amor de Cristo. Porque quando me sinto fraco, então é que sou forte* (vv. 9-10).

A humildade que procura a graça

Estamos aqui perante um *paradoxo,* que faz — que deve fazer — parte da existência cristã, também da nossa:

ao mesmo tempo que é justo reconhecermos que nós, sozinhos, não somos capazes de fazer *nada* de bom, temos o dever de nos esforçarmos para realizar coisas grandes (em nós, nos outros e no mundo), coisas que só se podem alcançar porque contamos com a graça de Deus: *Tudo posso naquele que me dá forças* (Fl 4, 13).

Como conseguia Paulo a graça de Deus? Do mesmo modo que nós devemos fazê-lo: procurando-a na *oração*, nos *Sacramentos* e no *mérito* sobrenatural das boas ações realizadas por amor (cf. 1 Cor 13, 3). Essas são as três grandes fontes de graça:

— *Oração*. Aos tessalonicenses, na mais antiga carta que se conserva de Paulo (escrita por volta do ano 50), o Apóstolo exortava: *Vivei sempre contentes. Orai sem interrupção* [...]. *Orai também por nós* (1 Ts 5, 16-17.25). Era um eco do ensinamento de Cristo: *É preciso orar sempre e não desfalecer* (Lc 18, 1), e daquilo que o próprio Paulo fazia constantemente: *Em todas as minhas orações, rezo sempre com alegria por todos vós* (Fl 1, 4). *Lembro-me de ti* — de Timóteo — *sem cessar nas minhas orações, de noite e de dia* (1 Tm 1, 3).

— *Sacramentos*. Ao lado da insistência na oração, São Paulo ensinava que sem a Eucaristia, celebrada e recebida com as devidas disposições, o cristão não poderia ter «saúde espiritual» e forças. Ficaria sendo uma alma doente, morreria de fraqueza. Doía-lhe muito que alguns desrespeitassem a Eucaristia (1 Cor 11, 17--22) ou recebessem a Comunhão em estado de pecado grave: *Que cada um se examine a si mesmo, e assim coma deste pão e beba deste cálice. Aquele que o come e o bebe indignamente, sem distinguir o Corpo do Senhor, come e bebe a sua própria condenação* [...]. *Esta é a razão por que entre vós há muitos adoentados e fracos, e muitos mortos* (1 Cor 11, 27-30).

SÃO PAULO: A ESPERANÇA E A LUTA

— *Mérito sobrenatural.* É bem conhecido o hino à caridade, com o qual Paulo mostra que as nossas boas obras — mesmo as mais pequenas (cf. 1 Cor 10, 31) —, têm valor meritório aos olhos de Deus, quando estão inspiradas pelo amor e realizadas com amor: *Ainda que falasse as línguas dos anjos e dos homens, se não tiver amor, sou como o bronze que soa, ou como o címbalo que retine. Mesmo que tivesse o dom de profecia, e conhecesse todos os mistérios e toda a ciência; mesmo que tivesse toda a fé, a ponto de transportar montanhas, se não tiver caridade, não sou nada...* (1 Cor 13, 1-3).

Pelo contrário, como a Igreja ensina e os santos nos lembram, «um pequeno ato, feito por amor, quanto não vale [...]. Fazei tudo por Amor. — Assim não há coisas pequenas: tudo é grande»[1].

A luta que procura corresponder

A graça — dom gratuito de Deus — pede a nossa correspondência. As águas vivas da graça só fecundam a alma se ela é terra boa (cf. Mt 13, 23), não se é um deserto. Quem é terra boa? O que luta para corresponder ao *dom de Deus* (cf. Jo 4, 10).

Para mostrar como deve ser a nossa correspondência, São Paulo apresenta com frequência a luta cristã por meio da imagem de uma competição atlética ou esportiva. Dois textos — entre muitos — são especialmente esclarecedores.

Na primeira carta aos Coríntios, escreve: *Nas corridas de um estádio, todos correm, mas bem sabeis que um só recebe o prêmio. Correi, pois, de tal maneira que o alcanceis [...]. Assim corro eu, mas não sem rumo certo.*

---

1 Josemaria Escrivá, *Caminho*, n. 813-814.

Dou golpes [pensa nos pugilistas], *mas não no ar...* (1 Cor 9, 24-27).

Na prática, o que nos diz?

— Primeiro: *Correi de tal maneira que o alcanceis.* É preciso lutar com garra, não como quem brinca só para acompanhar festivamente uma corrida. Pense: não é verdade que, muitas vezes, nos propomos melhorar, mas tanto a nossa decisão como o nosso esforço são «um querer sem querer»[2] e brincamos com Deus?

— Segundo, é preciso *correr com rumo certo.* Se alguém nos perguntasse «Que melhora você se propõe na sua vida cristã?», talvez respondêssemos de um modo genérico: «Eu me proponho melhorar, quero trabalhar melhor, quero tratar melhor as pessoas lá em casa...» Isso não é um *rumo*, mas um vago desejo. O *rumo* deve ser uma linha de conduta bem definida, por exemplo: «Quero me levantar numa hora certa e fazer logo a seguir quinze minutos de oração», ou «Tenho o propósito de estar vigilante durante a reunião da família ao jantar, para não me alhear, nem dizer palavras ásperas, nem comentários pessimistas que estraguem o ambiente»...

— Em terceiro lugar, mesmo esse *rumo* precisa ser concretizado constantemente com «*golpes certeiros*», não com «*golpes no ar*». Por exemplo, se eu me propus rezar de manhã, preciso definir o que farei: «Vou rezar o Pai-nosso e a Ave Maria, a oração a São José pela santificação do meu trabalho e, além disso, vou meditar uns minutos sobre o Evangelho do dia, que está indicado no folheto da Missa». Se eu me propus ser amável ao jantar, devo definir: «Vou procurar contar um episódio simpático», «Vou fazer

---

2   *Idem*, n. 714.

SÃO PAULO: A ESPERANÇA E A LUTA

uma brincadeira carinhosa com tal filho», ou «Vou me interessar sinceramente pelo que a minha esposa (ou meu marido) fez nesse dia, e perguntar-lhe sobre tal assunto de que gosta...»

Outro texto muito sugestivo sobre a luta cristã é o do capítulo terceiro da carta aos Filipenses. Paulo agradece, comovido, ter sido *conquistado por Cristo*, e quer corresponder: *Por Ele tudo desprezei e tenho em conta de lixo, a fim de ganhar a Cristo e estar com Ele.*

Como é que vai corresponder? Primeiro, reconhecendo que ainda está longe da meta que Deus quer: *Não quero dizer que alcancei esta meta e que cheguei à perfeição. Não. Mas eu me empenho em conquistá-la... Consciente de não tê-la ainda conseguido, só procuro isto: prescindindo do passado e atirando-me ao que resta para a frente, persigo o alvo, rumo ao prêmio celeste, ao qual Deus nos chama em Jesus Cristo* (cf. Fl 3, 8-14).

São Paulo diz-nos aqui duas coisas importantes:

— Uma delas é que é preciso deixar o passado para trás, não arrastá-lo como uma cauda pesada que só atrapalha. Como o deixamos? Pela penitência: pelo arrependimento, pela Confissão, pela confiança no perdão de Deus, que limpa, purifica e faz nascer de novo. Tudo unido à humildade de não ficar remoendo as faltas que cometemos porque nos envergonham. Essa memória envergonhada, quando vem e faz sofrer, deve servir-nos só para reparar, procurando, com esperança, cobrir o mal feito com maior abundância de bem.

— É preciso, além disso, não nos determos na caminhada, não parar nunca de lutar, mas correr sem cessar atrás *do que resta para a frente*, buscando crescer no amor a Deus e ao próximo. Sempre podemos dar um passo mais. Sempre podemos recuperar o ritmo perdido, se porventura nos detivemos ou caímos no chão. Assim, todas as virtudes — o amor, a caridade em primeiro lugar — poderão crescer, até atingirmos *o estado de homem perfeito, à medida da estatura completa de Cristo* (Ef 4, 13).

Vivendo assim, como São Paulo, poderemos acabar a vida com agradecimento e esperança, e dizer como ele: *Combati o bom combate, terminei a minha carreira, guardei a fé* (2 Tm 4, 7).

MARIA, MÃE DA SANTA ESPERANÇA

A Mãe que soube esperar

Uma tradição muito antiga, que atravessou os séculos e ficou plasmada em muitas obras de arte, afirma que a primeira aparição de Cristo ressuscitado foi à sua Mãe Santíssima.

É natural que Jesus, que ficava feliz trazendo alegria aos que amava, tivesse levado a primeira alegria da Ressurreição à sua Mãe. Não era ela quem mais a merecia? Ela que tinha acreditado firmemente, desde o momento da Encarnação, que aquele seu filho e *filho do Altíssimo*, era — como o anjo Gabriel lhe havia anunciado — o Messias descendente de Davi, que *reinaria eternamente e seu Reino não teria fim* (Lc 1, 33).

Maria uniu-se ao Redentor em todos os momentos da sua vida e especialmente na Paixão, oferecendo sua imensa dor juntamente com o sacrifício do Filho. Ali ouviu dos lábios de Jesus agonizante a sua «nomeação» como Mãe dos discípulos, mãe de todos os homens: *«Mulher, eis aí teu filho»*... (Jo 19, 26). Por isso, certamente merecia receber as primícias da alegria da Ressurreição.

É muito bonito pensar que, naqueles momentos de escuridão quase total que envolveu os discípulos após a morte de Jesus, a única luz de esperança que não se apagou foi o coração de Maria. Esse coração maternal, que acabava de ser *atravessado por uma espada de dor*, como profetizara Simeão (cf. Lc 2, 35), foi, ao mesmo tempo, a única lâmpada que ardia com a luz da santa esperança. Ela foi a única que, no silêncio do sábado santo, esperou na *ressurreição ao terceiro dia*.

A Mãe que ensina a confiar

Certamente, ao longo de toda a sua vida, ela viveu e encarnou a esperança como ninguém. Acreditou no anúncio do Anjo Gabriel, entregou-se sem duvidar ao que Deus lhe pedia — «*Eis a escrava do Senhor!*» —, e, desse solo fecundo da fé, brotou-lhe a esperança como uma planta viçosa, como uma fonte de água viva.

Conta São Lucas que, quando Maria — pouco depois da Anunciação — foi visitar a sua prima Isabel, esta louvou Nossa Senhora em alta voz: *Feliz a que acreditou, porque se cumprirão todas as coisas que lhe foram ditas da parte do Senhor* (Lc 1, 39-45). Maria acreditou, esperou, e viu realizados nela todos os sonhos de Deus. Por isso a Igreja a chama *Mãe da santa esperança*, e por isso nós a invocamos como *Mãe de misericórdia, vida, doçura e esperança nossa...* Não são apenas belas palavras. Estão cheias de conteúdo, pois descrevem a missão que Jesus lhe confiou em favor de todos nós, irmãos de Cristo (cf. Rm 8, 29) e filhos dela (cf. Jo 19, 26).

Quando Jesus nos deu Maria como Mãe, na agonia na Cruz, garantiu-nos a esperança. É verdade que a nossa esperança deve estar, toda ela, colocada em Deus. Só Deus é o motivo e a fonte radical da esperança, que, sem a sua graça, não pode existir. Mas Ele deu-nos uma Mãe — a sua Mãe — para que, com a ternura de seu coração, nos ensinasse a confiar; para que nos

MARIA, MÃE DA SANTA ESPERANÇA

amparasse e nos guiasse na vida e, como a mãe leva a criança pela mão, nos conduzisse ao encontro de Cristo e finalmente nos introduzisse no Céu.

Uma das orações mais antigas dirigidas a Nossa Senhora, que ainda hoje muitos católicos sabem de cor, diz: «À vossa proteção nos acolhemos, Santa Mãe de Deus; não desprezeis as súplicas que em nossas necessidades vos dirigimos, mas livrai-nos sempre de todos os perigos, ó Virgem gloriosa e bendita. Rogai por nós, santa Mãe de Deus, para que sejamos dignos das promessas de Cristo». Desde os primeiros séculos, a esperança do cristão se refugiava nela.

Na verdade, o Espírito Santo — inspirador da Sagrada Escritura — deixou-nos motivos mais do que suficientes para que aprendêssemos a confiar na «Esperança nossa». Bastaria lembrar a cena das bodas de Caná (Jo 2, 1-11), onde a petição de Maria — suave, discreta, sussurrada ao ouvido — obteve de Jesus o seu primeiro milagre, a transformação da água em vinho.

Naquela festa de bodas, começou a faltar o vinho. Maria teve pena dos noivos. Aquilo podia estragar a alegria do banquete. Então disse a Jesus: *«Não têm vinho!»* A resposta do Filho parece um balde de água fria — *«Mulher, isto nos compete a nós? A minha hora ainda não chegou»*; mas Maria não deixou de confiar, e com toda a paz disse aos serventes: *«Fazei tudo o que ele vos disser»*... Não precisou fazer mais nada. Logo Jesus mandou aos serventes encher de água umas grandes talhas que lá se encontravam, e depois indicou que fosse servida aos convidados. Foi o melhor vinho da festa!

Maria adiantou assim — Deus tem os seus planos! — a hora dos milagres de Jesus. E graças a esse primeiro milagre, obtido pela intercessão da Virgem, o Evangelho diz que Cristo *manifestou a sua glória e os seus discípulos creram nele*. Tudo, pela solicitude de Maria, pela ternura do seu coração. Se Jesus fez isso, a pedido de Maria, o que não fará por nós? É como se Ele próprio nos estivesse dizendo: «Vocês veem? Confiem na Mãe! Confiem que Eu a ouvirei sempre! Ela conseguirá de mim o que quiser!»

A Mãe de misericórdia

É por isso que os santos e os bons teólogos dizem que Nossa Senhora é a «onipotência suplicante», uma maneira hiperbólica — mas realista — de referir-se ao poder das súplicas de Maria diante de Jesus.

São Bernardo, o «trovador da Virgem», gostava de compará-la ao aqueduto que recebe a água da fonte (a água da graça, da fonte que é Deus) e a faz chegar a nós, da mesma maneira que um aqueduto recolhia então a água das fontes de montes e vales elevados e a conduzia até os povoados. E dizia: «Recebendo a plenitude da graça da própria fonte do coração do Pai, no-la torna acessível [...]. Com o mais íntimo, pois, da nossa alma, com todos os afetos do nosso coração e com todos os sentimentos e desejos da nossa vontade, veneremos Maria, porque esta é a vontade daquele Senhor que quis que tudo recebêssemos por Maria»[1].

Que ânimo isso nos dá! Não é verdade que, às vezes, custa-nos quase acreditar na misericórdia divina, especialmente depois de termos abusado muito dela, com tantos arrependimentos insinceros, de tantas reincidências meio cínicas? E, no entanto, nem no pior dos casos devemos desesperar da misericórdia de Deus, ainda que

---

1 São Bernardo, *Sermão na Natividade da Bem-aventurada Virgem Maria (Sermão do Aqueduto)*, PL 183.

nos vejamos afundados — como o filho pródigo — na mais suja lama do pecado.

Nessa triste situação, ninguém como Maria para ajudar-nos. Ela é Mãe. Não tenhamos medo, por mais imundos e machucados que estejamos. Ela não deixará de facilitar um bom banho às suas crianças. Ela nos moverá ao arrependimento sincero, ela nos levará — se for preciso, pela orelha — até à Confissão, e nos carregará finalmente no colo, limpos e felizes.

«Se eu fosse leproso — escrevia São Josemaria —, minha mãe me abraçaria. Sem medo nem repugnância alguma, beijar-me-ia as chagas. — Pois bem, e a Virgem Santíssima? Ao sentir que temos lepra, que estamos chagados, temos de gritar: Mãe! E a proteção de nossa Mãe é como um beijo nas feridas, que nos obtém a cura»[2].

A poderosa intercessora

A confiança em Nossa Senhora sempre foi tão grande entre os bons cristãos que alguns até «exageraram». Mas exageraram de uma maneira bonita, assim como se amplia um detalhe de uma flor belíssima, muito além do seu tamanho normal, para poder apreciá-la melhor. Não há «mentira» nisso! Um exemplo entre mil são uns versos do «poeta da esperança», o já citado Charles Péguy, que põe na boca de Deus Pai as seguintes palavras:

> *«Eu não vi no mundo — diz Deus — nada mais belo que uma criança que adormece fazendo a sua oração [...]».*

---

2 Josemaria Escrivá, *Forja*, 4ª ed., Quadrante, São Paulo, 2016, n. 190.

[O poeta estende-se, em versos tocantes, falando da maravilha que é a criança que dorme rezando, e aí nenhuma das coisas que diz é exagero].

> «Nada é tão belo! — continua Deus a dizer —.
> E este é mesmo um ponto em que a Virgem Santa está de acordo comigo. Lá em cima (no Céu).
> Posso dizer até que este é o único ponto em que estamos plenamente de acordo. Pois geralmente os nossos pareceres são contrários.
> Porque ela está do lado da misericórdia,
> e Eu..., bem, é preciso que Eu esteja do lado da justiça».[3]

São versos que fazem sorrir (e comovem um pouquinho), mas são «verdadeiros» pelo sentimento de confiança em Maria que transmitem. Junto dela, só um cego espiritual, um tolo ou um demônio, podem perder a esperança.

Foi assim que o entenderam os cristãos desde o começo. Não podemos esquecer o que nos mostra a Sagrada Escritura, nos Atos dos Apóstolos, logo depois da Ascensão do Senhor.

Jesus tinha-se despedido indicando aos seus que permanecessem em Jerusalém, *«até que sejais revestidos da força do Alto»* (Lc 24, 49), ou seja, até a vinda do Espírito Santo, no dia de Pentecostes. Pois bem, no livro dos Atos diz-se que todos — os Apóstolos, os discípulos, as santas mulheres — obedeceram, e se reuniram, durante dez dias, no Cenáculo, *com Maria, a Mãe de Jesus.* Lá, junto dela, como uma família apinhada junto da Mãe, *perseveravam unanimemente na oração* (cf. At 1, 12-14).

---

3   Charles Péguy, *O mistério dos santos inocentes.*

MARIA, MÃE DA SANTA ESPERANÇA

Junto de Nossa Senhora, tornava-se fácil cumprir o que Jesus tinha ordenado. Sempre é assim! A única coisa que Ela nos pede é a que pediu aos serventes de Caná: *«Fazei tudo o que Ele vos disser»*. E ela mesma ficará solícita, junto de nós, para nos ajudar a cumpri-lo.

Por isso, uma vida espiritual impregnada de devoção a Nossa Senhora é uma vida espiritual sadia, voltada inteiramente para o cumprimento da Vontade de Deus. «Antes, sozinho, não podias... — dizia São Josemaria. — Agora, recorreste à Senhora, e, com Ela, que fácil!»[4]

Quem quer graça de Deus, a Ela recorre

É uma experiência universal na história do cristianismo. Dante Alighieri deixou-a maravilhosamente plasmada no canto trinta e três do *Paraíso* da *Divina Comédia*, o canto que encerra a obra e que começa com uma oração de São Bernardo à Virgem Maria (um dos pontos mais altos da poesia mundial), uma prece que, entre outras coisas, diz assim:

> *Ó Virgem mãe, filha do teu Filho,*
> *humilde e alta mais que criatura alguma,*
> *termo imutável dos desígnios divinos. [...]*
>
> *Cá no Céu, tu és para nós sol radiante*
> *de amor; e em baixo, entre os mortais,*
> *és uma fonte viva de esperança.*
>
> *Senhora, és tão grande e tanto podes,*
> *que quem quer graça e a ti não recorre*
> *o seu desejo quer voar sem asas. [...]*

---

4 Josemaria Escrivá, *Caminho*, n. 513.

A RESSURREIÇÃO E A ESPERANÇA CRISTÃ

Em ti, misericórdia; em ti, piedade,
em ti magnificência, em ti se junta
quanto há nas criaturas de bondade.

Se você puder, leia isso no original italiano! Mas, mesmo que a tradução o torne desbotado, mantém a alma dos versos.

Anteriores a Dante são umas palavras anônimas, cheias de devoção, que alguém rabiscou num manuscrito medieval, falando das rosas que compõem o «rosário» de Maria: «Quando a bela rosa Maria começa a florescer, o inverno das nossas tribulações se desvanece e o verão da eterna alegria começa a brilhar». É poema popular, bem simples, mas muito expressivo.

Crianças junto da Mãe

Na realidade, a nossa confiança em Maria não só deve ser singela — como a fé encantadora do povo simples —, mas deve adquirir a pureza e a simplicidade da infância. Podemos dizer que a nossa confiança só será perfeita quando, como Jesus nos pede, *nos transformarmos e nos fizermos como crianças* (cf. Mt 18, 3).

A este propósito, penso que vale a pena evocar uma lembrança de há bastantes anos. Trata-se de um pequeno episódio da vida de um padre do interior, de dois metros de altura, ossudo e desengonçado como um Don Camilo de Guareschi, que foi meu amigo e continua a sê-lo lá do Céu.

Aconteceu que, na altura do Natal, seguindo o costume de sua terra, preparava-se para receber algum presente trazido na corcunda dos camelos pelos Reis

MARIA, MÃE DA SANTA ESPERANÇA

Magos. Nessa ocasião, seguindo um sistema do tipo do «amigo secreto», os «reis magos» íamos ser um grupo de colegas, padres como ele. Cada um escreveria uma carta aos Reis, fazendo o pedido. O nosso Don Camilo (que se chamava Pedro) escreveu esta:

«Meus caros Reis Magos:
«Muito embora sempre vos tenha amado e pedido favores, especialmente quando fazeis a vossa visita à terra, não vos tinha escrito desde faz, se bem me lembro, uns trinta anos. Eu era então um garoto com muitos sonhos na cabeça, que se foram apagando com o decorrer do tempo. Mas agora acontece que, graças a Deus, torno a sonhar, muito embora os sonhos sejam, naturalmente, diferentes dos que tinha então. O meu desejo atual é o de tornar a ser criança, apesar da minha respeitável estatura, para assim conseguir de vós quanto deseja e precisa meu coração de menino. Sim, o que para mim eu quero é isto: que me alcanceis a infância espiritual, para que sempre possa caminhar agarrado à mão de Deus; pois provavelmente vos seria meio difícil conceder-me a infância corporal. A Providência divina fez-me também pai de umas boas centenas de almas, que amo entranhadamente, e para as quais vos peço muita saúde espiritual, visto que muitas delas estão doentes. Com a certeza de que me haveis de conceder o que vos peço, beijo as vossas mãos benfazejas».

Os Rei Magos atenderam o seu pedido, e ele recebeu como presente uma imagem de Nossa Senhora, linda, com olhar de mãe e um sorriso cálido, que fazia com que qualquer um se sentisse, perto dela, uma criança amparada, segura, aconchegada...

A RESSURREIÇÃO E A ESPERANÇA CRISTÃ

Como história puxa história, aí vai — para terminar o livro — outro belo episódio dos tempos modernos. Um dos maiores poetas do século vinte foi Paul Claudel, um diplomata francês que se converteu ao catolicismo, com o auxílio de Nossa Senhora. Certa vez assistia sem fé, só por senso estético, ao canto do *Magnificat* na catedral de Notre-Dame de Paris. Maria tocou-lhe o coração, alcançando-lhe do Espírito Santo a graça de crer, e meteu-o para sempre no coração de seu Filho Jesus.

Claudel tornou-se um grande católico e foi um dos maiores poetas e dramaturgos do seu século. A graça da conversão ficou-lhe tão gravada na alma que, sempre que podia, dava uma passada por Notre-Dame, entrava na igreja e ficava a olhar para a imagem da Mãe que o salvara. Ele mesmo, num dos seus poemas, descreve qual era, nessas ocasiões, a sua oração. A tradução dá uma ideia, ainda que, como toda tradução, prejudique o original:

É meio-dia. Vejo a igreja aberta. É preciso entrar.
Mãe de Jesus Cristo, não venho rezar.

Nada tenho a oferecer e nada a pedir.
Mãe, venho apenas olhar para ti.

Olhar para ti, chorar de alegria, recordar
que sou teu filho e que tu estás aqui.

Apenas um instante, enquanto tudo para.
Meio-dia!
Estar contigo, Maria, neste lugar onde tu estás.

Nada dizer, olhar para o teu rosto,
Deixar o coração cantar em sua própria linguagem [...].

MARIA, MÃE DA SANTA ESPERANÇA

... porque tu és a Mãe de Jesus Cristo,
que é a verdade entre os teus braços e a única
esperança... [...]

Porque estás aqui para sempre, simplesmente
porque tu és Maria,
simplesmente porque existes,
Mãe de Jesus Cristo, nós te agradecemos!

Esta é a verdadeira devoção a Maria. Esse espírito é o que deveríamos colocar em cada Ave Maria, em cada Terço, em cada Salve Rainha, em cada oração silenciosa, em cada jaculatória à Virgem Santa, em cada olhar às suas imagens e em cada suspiro filial...

Agradeçamos a Jesus a Mãe que nos deu, porque — com ela — é impossível perder a esperança. Digamos-lhe, com palavras da antiga antífona «Salve, Rainha»: *Vida, doçura e esperança nossa, esses vossos olhos misericordiosos a nós volvei!*

Direção geral
Renata Ferlin Sugai

Direção editorial
Hugo Langone

Produção editorial
Juliana Amato
Gabriela Haeitmann
Ronaldo Vasconcelos
Roberto Martins

Capa
Gabriela Haeitmann

Diagramação
Sérgio Ramalho

ESTE LIVRO ACABOU DE SE IMPRIMIR
A 29 DE ABRIL DE 2024,
EM PAPEL PÓLEN BOLD 90 g/m^2.